李完應 著

中等教科
朝鮮語文典 全

京城 朝鮮語研究會發行

緒　言

一、本書는文을正確히理解하며또正確히書記케함을目的으로
　하야, 煩瑣한理論과說明을避하고, 極히簡明한一般的의文法
　上知識을授하며, 兼하야國文法及英文法을習得함에便宜하
　도록基礎知識을養成함에留意하야編纂함

一、本書는中等學校第一第二의二學年間用으로編纂한것이나
　時宜를隨하야第二第三의二學年間에課하야도無妨함

中等教科 朝鮮語文典 目次

目次完

中等敎科
朝鮮語文典

李　完　應　著

第一編　總論

第一章　諺文

一、現行諺文

諺文은 朝鮮語의 聲音을 表示하는 符號인대、初聲十四字와 中聲十一字로 成하나니라

初聲　ㄱㄴㄷㄹㅁㅂㅅㅇㅈㅊㅋㅌㅍㅎ

中聲　ㅏㅑㅓㅕㅗㅛㅜㅠㅡㅣ、

（例）　가갸거겨고교구규그기ᄀ（以下省略）

複雜한 聲音을 表示함에는 上記한 初聲·中聲을 應用하는 外에, 終

聲(밧침)·重初聲(된시옷)·重中聲·重終聲(둘밧침)을 用하나니라

終聲(밧침)　ㄱ ㄴ ㄹ ㅁ ㅂ ㅅ ㅇ

終聲은 初聲·中聲으로 合成된 字音 下에 附하는 것이니라

(例)　각 간 갈 감 갑 갓 강

重初聲(된시옷)　ㅺ ㅼ ㅽ ㅆ ㅾ

重初聲은 俗에「된시옷」이라 稱하며「ㅅ」을 初聲의 左傍에 附하야

激音으로 變케 하는 것이니라

(例)　써 따 빠 써 짜

重中聲

重中聲은 中聲中「ㅗ와ㅏ」가 合하야「ㅘ」가 되며,「ㅜ와ㅓ」가 合하야

「ㅝ」가 되고, 又 中聲「ㅣ」가 自身을 除한 外의 各 中聲 及 重中聲「ㅘ·ㅝ」

의 右傍에 附하나니라

(例) 과 궈

개 걔 게 계 괴 괴 귀 귀 긔 긔 괘 궤

重終聲(둘 밧침)

重終聲은 終聲中「ㄹ」과 他의 終聲 等이 重複되여 附하는 것이니라

(例) 닭 삶 밟

二、諺文의 由來와 現用音

(一)距今凡四百八十年前에 비로소 訓民正音이 制定된 當時에는 現用하는 初聲十四字外에「ㆁ·ㆆ·ㅿ」의 三字가 잇서서 中聲十一字와 合하야 二十八字가 되고, 距今約四百年前에 된 訓蒙字會에는「ㆆ」를 缺하야 二十七字가 되엿더니, 其後所謂反切이라는 것이 一般에 行함으로 因하야「ㆁ·ㆆ·ㅿ」는 自然消滅되고 現今通用하는 二十五字가 되엿나니라

〔二〕中聲中「ㅏ」와、「、」는 今日에는 거의 混用되여、各語에 對하야 其區別을 明瞭케하기는 極히 困難한 故로、漢字音 等과 如한 特別한 境遇를 除한 外에는、「、」를 使用치 아니함이 原則으로 되엿나니라

〔三〕諺文 中「샤·쟈·챠」三行의 中聲「ㅑㅕㅛㅠ」는 習慣上「ㅏㅓㅗㅜ」로 發音하나니라

〔四〕諺文 中「댜」行의「댜더됴듀디」는「자저조주지」로、「탸」行의「탸텨툐튜티」는「차처초추치」로 發音하나니라

〔五〕歷史的 又는 理論上으로 論하면 初聲 全部를 擧皆 終聲에 用함이 當然할지나 實際에는 甚히 繁雜한 故로、多少의 無理가 不無하나、그 中의 七字만 終聲에 用함이 習慣上 極히 便利하다하야 現用하는 終聲이 七字로 된 것이니라

〔六〕重初聲을「ㄲㄸㅃㅆㅉ」로 書함이 合理的이요 또 歷史的이나、是

亦習慣上「된시옷」을仍用하나니「된시옷」도音의連結上으로見

하야不合理는아니니라

〔七〕歷史的又는理論上으로論하면各終聲을疊用할것이不少하

나是亦煩瑣를避키爲하야다만終聲「ㄹ」과他終聲과重疊되는

것만現用하나니라

三, 單音과複音

諺文中終聲이附치아니하는音(가나도와如한)을單音이라하

고, 終聲이附하는音(각난돌롱과如한)을複音이라하나니諺文의

單純한音으로부터複雜한音을順次列擧하면左와如하니라

(例) 가 갸 세 과 쌔 ㅺ ㅼ ㅽ

四, 轉　音

轉音이라함은各音의位置와그連結되는關係로各種으로變함

을云함이니, 極히少部分을除한外에는轉音대로는記치아니하

고發音上으로만轉變되나니라

〔一〕終聲(ㅇ을除함)下에「아」行音이來한境遇에는發音上其終聲은

「아」行字의初聲의用을作하나니라

國이 (구기) 맛이잇소 (마신)

밥에 (바베) 돌이업소 (도리)

봄이 (보민) 되면 눈이 (누닌) 녹으오 (노그온)

새벽두시에 닭이우오 (달긴)

해는 동에서 쓰오

〔二〕「냐녀뇨뉴니」가單語의頭字에在한時는「야여요유이」와如히發音하나니라

녀즈도 (여) 학교에단기오

올에는 년말상여금이 (연) 적다하오

泥峴
니현을　진고개라하오
(이)

寧邊
녕변은　평안북도요
(영)

右와如한轉音이有한故로、其反對로「야여요유이」가頭字로된

單語上에終聲이來한時에「냐녀뇨뉴니」와如히轉音하는境遇

도有하니라

(例)　막일　집안일　볼일　봄일긔
　　　(ㄹ)　(ㄹ)　(ㄹ)　(ㄹ)
　　　밧일　처음인스　셕탄연긔
　　　(ㄹ)　(ㄴ)　　　(ㄴ)

[三]「라」行音이單語의頭字에在한時는奇數字는「나」行音으로轉하

고、偶數字는「아」行音으로轉하나니即

「라러로루르르」는「나너노누느느」로

「라러로루르」는「나너노누느」로

「랴려료류리」는「야여요유이」로

發音하나니라

로형은 ㉉라 쥬에 가보셧소

루하동을 어듸로가오

지금은 량반상인의 분별이업소

리션싱님은 료리집에 아니가시오

류리창을 닥그시오

練習

老人 로인　狼狽 랑패　路上 로상　令監 령감　勞働 로동　屢次 루ᄎᆞ　弄談 롱담

旅館 려관　略圖 략도　利子 리ᄌᆞ　靈魂 령혼　遼東 료동　戀愛 련이　龍山 룡산

[四] 終聲下의「ㄹ」行은「ㄴ」行으로 發音하나니라

但「ㄴ」下에서는 終聲「ㄴ」과 初聲「ㄹ」이 轉換하야 發音되나니라

1 終聲下에 在한 境遇

쇼화ᄉᆞ년에 박람회가 된다하오

제쥬도는　옛적　탐라국이요

죠션십리는　지금일리쯤되오（ㄴ）

서울돈　닷량은　십견이요（ㄴ）

죠션어　연구에　공로가만소（ㄴ）

2

終聲「ㄴ」下에　在한　境遇

비힝긔는　천리도　하로에　가오（월）

저사람은　젼라남도에　사오（월）（난）

練習

격렬 激烈　울릉도 欝陵島　숨림 森林　넘려 念慮　합력 合力　종로 鐘路　산림 山林　텬리 天理

찬란 燦爛　젼력 電力　난로 煖爐　변리 邊利

【注意】라行音은（三二四）에 述한바와 如히 各種으로 轉音되고 其本來의 合理的 正音을 發하는 境遇는 終聲이 無한音의 下、換音하면 中聲 下에 在한 時에 限하나

니라

（例）　다리　마루　구리　나무를　자로재오

그러한故로純然한朝鮮語에在하야는「라」行音이頭字로된單

語는全無하니라

또終聲下에在한「라」行音의「나」行音으로變한結果, 其反面에는

「나」行音이訛하야「라」行音과如히發音되는境遇도或有하니라

（例）　지녕　안녕　긔념
　　　　載寧　安寧　記念
　　　　（령）（령）（념）

또左와如한例外도或有하니라

議論
의론
（론）

〔五〕終聲「ㄱㅂㅅ」下에「나라마」行音이來할時는「ㄱ」은「ㅇ」、「ㅂ」은「ㅁ」、

「ㅅ」은「ㄴ」과如히發音하나니, 簡單히表示하면左와如하니라

終聲
```
  ㄱ 1 ─── 1 ㅇ
  ㅂ 2 ─── 나라마 ─── 2 ㅁ
  ㅅ 3 ─── 3 ㄴ
```

1
(둥)남을 하셧다니 감츅합니다
우리샹뎜은 (함)박리다 매쥬의요
참악마갓흔 (방)니계집이요

2
고기를 (앙)잡는사람이 만습니다
조동챠삭은 (잡)십리에 삼십젼이요
이물은 (십)잡미가업소

3
돈 (단)닷량만 주시오
이쌀은 (냥)엿말닷되요
저사람은 (엿)언제든지 (잡)웃는얼골이요 (운)

練習

먹는다 독농가(篤農家) 호박나물 겨년(隔年) 독립(獨立) 곽란(薑亂) 복리(複利)

빅립(白笠) 적막(寂寞) 북문(北門) 목마(木馬) 빅미(白米) 혁명(革命) 입는다 갑년(甲年)

합니다 일곱량 법률(法律) 협력(協力) 갑론을박(甲論乙駁) 압록강(鴨綠江) 밥먹어

라

합문[圖門] 접목[接木] 여섯나라 숫는다 열닷량 밧모동이

젓먹는ㅇ히

【注意】 上述한中에서 終聲 파「라」行 파의 關係例 如「압록강」＝
（Ammokkang）「박람회」＝「방남회」（Pakramhoi）＝（Pangnamhoi） 等은 轉音〔四〕〔五〕의

法則을兼有한故로發音上特히注意를要하나니라

〔六〕終聲「ㄱㄴㅅ」下의「하」行音은「카타파」行과 如히發音하나니라

練習

총독각하는（가간）（각카） 아니계시오

집합시간은 열시요

이와갓흔것은（지판）（접판）（가른）（갓튼） 업소

각하[却下下] 각호[舍戸] 싹싹하다 목하[目下]

섭섭하다 놉호오

잘못하얏습니다

〔七〕諺文中「사」行、「다자」行、「라차」行中

「샤셔쇼슈」는「사셔소슈」로

「댜뎌됴듀디」와「쟈져죠쥬」는「자저조주지」로

「랴려료류티」와「챠쳐쵸츄」는「차처초추치」로

發音하고, 且漢字音其他特別한境遇를除한外에는「ㅑㅕㅛㅠ」

의中聲을用치아니한다함은現用音의說明中에述한바와如

하니라

〔八〕하行音은至極히輕한音인故로〔六〕의境遇를除한外에는他音

下에서거의「아」行에近한音을發하는境遇도有하니라

대단히 고마웁소

만히 가르쳐주시오

五, 高低音

朝鮮의 文物은 中國에 倣則한 것이 多한 故로, 諺文制定當時에는

漢字音에 平聲·上聲·去聲·入聲의 四聲이 有함과 如히, 朝鮮音에도

右四聲을 表하기 爲하야, 字의 左肩에 點을 附하얏스나, 朝鮮音은

姑舍하고 漢字音도 四聲을 區別하기 困難하야, 上聲·去聲·入聲의 三

聲을 合하야 高音이라 稱하고, 平聲을 低音이라 稱함에 至한 故로

朝鮮音의 四聲의 規則도 有名無實한 結果를 作하나니라, 然이나 朝

鮮音及漢字音을 勿論하고 各音마다 高低(或長短)가 自在한 故로

初學者나 外國人을 爲하야 字의 左肩에 小圈點을 附하야 特히 高

音을 表示하는 事도 有하나라

눈이　만히 왓소

밤에도　눈이밝으오

밤을　날로먹으오

섬에　사는사람이요

벼를　섬에　담으시오

右는　高低音의　一例를　示한　것이니，如何한　音을　勿論하고　高低　兩

者中　一者에　屬하얏스나，漢詩를　作할　時의　字　高低를　區分하는　一

種　專門的　學術을　除한　外에는　日用　言文은　習慣上으로　自然히　區

分됨이　多한　故로　特히　圈點을　附치　아니함이　通例니라

第二章　單語·文·句　及　品詞

一，單語·文·句

　일은봄　에는　개나리꼿치　피오

　흰눈이　소나무가지에　싸엿소

右例의　右側에　一線을　施한　語는　다　各各　一種의　意味를　表하나니

如斯히　一種의　意味를　表하는　言語의　單位를　單語라　稱하고，右例

와　如히　幾個의　單語가　集合하야　完全한　思想을　表하는　것을　文이

라稱하고，左側에―線을施한部分과如히二三의單語가集合하

야多少複雜한意味를表하는것을句라稱하나니라

二，品詞

單語를各々其性質上으로區分하야

名詞　數詞　代名詞　動詞　形容詞　存在詞　助用詞

助詞　副詞　接續詞　感動詞

의十一種으로하나니，此를品詞라稱하나니라

第三章　各品詞의意義

一，名詞

봄에는　꼿치　피오

사람은　마음이　첫재요

경복궁은　경성　북쪽에잇소

中傍線을 施한 語와 如히 事物의 名을 表하는 語를 名詞라 稱하나니라

二、數詞

하나를　들으면　열을아오

연필　한다스에　오십젼이요

이칙　한권에　얼마요

이사람은　뎨삼학년　에서　둘재요

中傍線을 施한 語와 如히 事物의 數量 又는 順序를 表하는 語를 數詞라 稱하나니라

三、代名詞

나는　그사람의　집에　갓다왓소

당신은　누구시요

여긔　서　져긔　싸지　멧분이면　가겟소

이리║ 저리║ 왓다갓다하오

中傍線을 施한 語와 如히 名詞를 代하야 用하는 語를 **代名詞**라 稱
하나니라

◎ 名詞・代名詞・數詞는 普通으로 文의 主가 되나니 此 三種의 品詞를
總稱하야 **體言**이라 稱하나니라

四、動詞

봄에는 　솟치　핀다║

겨을에는　눈이　온다║

나는　학교에　간다║

오졍에뎜심을　먹║는다

맑은물이　흘║는다

中傍線을 施한 語와 如히 事物의 動作을 表하는 語를 **動詞**라 稱하
나니라

五, 形容詞

붉은 ‖꼿치 피엿다

산은 놉고 물은 깁다‖

바람이 차다‖

큰‖집과 적은집이 잇다

中傍線을 施한 語와 如히 事物의 性質·狀態를 表하는 語를 形容詞

라 稱하나니라

六, 存在詞

저긔사람이 잇다‖

이산에는 큰 나무가 업다‖

교실에 션성님이 계시다‖

中傍線을 施한 語는 事物의 有無를 表하는 語이니, 此를 存在詞라

稱하나니라

◎動詞·形容詞·存在詞는體言인名詞·數詞·代名詞에附하야各樣으
로說明의用을作하는語이니, 此三種의品詞를總稱하야 **用言**이
라稱하나니라

七, 助用詞

학교에　가오

아버지가　오십니다

물이　맑으오

이것이　좃소

하나도　업소

中傍線을施한語와如히動詞·形容詞·存在詞等에添付되여그意
味를助하는것을 **助用詞**(又는助動詞)라稱하나니라

助用詞에는又左와如히名詞·數詞·代名詞即體言에附하는것도
有하니라

이것은 소나무 요

나는 마흔두살 이요

저사람은 누구 오닛가

八、助詞

산에 나무가 잇소

리일 가도 맛나겟소?

봄은 샷듯하고 가을은 시원하오

저사람하고 가시오

中傍線을 施한 語와 如히,各種의 品詞에 附하야 其語에 意義를 添하며,又는 他語와의 關係를 明確히 하는 것을 助詞라 稱하나니라

◎ 助用詞·助詞를 併稱하야 吐라 稱하나니라

九、副詞

그사람은 죠선말을 잘한다

즈동챠가　빨니　달어난다

오날은　매우　더웁다

이것은　대단히　조흔칙이요

바람이　아조　업소

급힝챠는　몹시　빨니　가오

中「잘·빨니」는 動詞「한다·달어난다」에 添하고,「매우·대단히」는 形容詞「더웁다·조흔」의 上에 添하고,「아조」는 存在詞「업소」의 上에 添하고,「몹시」는「빨니」의 上에 添하야 各各 그 意義를 限定하나니, 此를 副詞라 稱하나니라

十, 接續詞

엽셔가　잇고　또　우표도 잇소

지금 가봅시다　그리하고　업거든

일전에　집에서　뎐보가　왓소。 그래서　갓다왓소

中傍線을 施한 語와 如히 上語를 繼承하야 下語에 接續케하는 用을 作하는 語를 **接續詞**라 稱하나니라

十二、感動詞

아│ 언제 오섯소

아이고 어서 오시오

앗차 이저버렷다

中傍線을 施한 語와 如히 感動한 時에 偶發하는 語를 **感動詞**라 稱하나니라

練　習

左의 文에 就하야 各品詞를 區別하라

1 산에 큰 나무가 잇소

2 우리 집에는 개 한마리와 도야지 두마리가 잇소

3 겨을에 눈이 만히 오면 보리가 잘되오

4 따뜻한 봄이 되여서 산과 들에는 꽃치 만발하고 새는 노래를

불으고 나븨는 춤을 추니 참 일년중에 뎨일 조흔 쎄요

5 푸른 소나무와 흰모래에 히당화가 여기 저기 피여잇는 것은

명사십리의 경치요

第四章　合成語及接頭語·接尾語

一個一個의 單語가 一個一個의 品詞인 것은 勿論이나 數個의 單語

가 結合하야 一語를 成한 것을 合成語라 稱하나니라

집―집　다―달―이　날―마다　하나―식　집―집―마

다　닭―의―알

경성―뎨일―고등―보통―학교

우리―들

새―것　새―옷　맛―돈

새—쌁아타　남조—다웁다

길—간다　말—한다　일어—난다　적어—진다　막—왓

다　갓—먹엇다

진실—로　결단—코　열심—으로

그리—하고　그러—치—만

쎄서—는

아—이런

右例에 依하면 或은 同語 或은 同品詞 又는 異品詞가 重合하야 된 合

成語이나, 亦是 一個의 品詞로 看做할지니라

쏘右例中

새○것　새○쌁아타　막○왓다　갓○먹엇다

의「새」「새」「막」「갓」과 如한 語는, 獨立한 單語로는 使用되지못하고 一

個의 品詞의 頭에 結合하야 合成語를 構成하나니, 此等「새」「새」「막」

「갓」等을 接頭語라 稱하나니라.

또右例中에서

우리들。 날마다。 하나식。 남즛다웁。 적어진다。

의「들」「마다」「식」「다웁다」「진다」와如한語는同樣으로一個의品詞

의尾에附하야合成語를作하나니此等의「들」「마다」等을接尾語라

稱하나니라

接頭語·接尾語는一個의品詞에附하야各各意味를添하며或은

其語調를强케하며,或은其品詞를複數로變케하는等의用을作

하나니라

◎合成語中同語가重複하야一語를成하는것을疊語라稱하고相

異한二個以上의單語가相重하야一語가된것을熟語라稱하나

니라

練習

第二編 各 論

第一章 名詞의 種類

一, 普通名詞

나무 가지에 쎼쏠이가 안젓소

긔차를 타고안저서보면 산이 가는것갓소

오날은 마음이 상쾌하오

정신이 조흐면 한번만 들어도 이저버리지아니하오

간밤에는 꿈을 꾸엇소

中傍線을 施한 語와 如히 同種類에 一般으로 通用되는 名詞를 普通名詞라 稱하나니라

普通名詞를 또 左와 如히 區分하나니라

〔一〕本來名詞　本來부터 名詞로 된 것을 云함

꽃　나무　물　마음　졍신　긔챠　학교

〔二〕轉成名詞　他語로부터 轉成된 것을 云함

가 動詞로부터 轉成된 것

쑴　（쑨다）　　춤　（춘다）　　씸　（씸다）

右와 如히 動詞의 語根에「ㅁ」을 附하야 名詞를 成한 것이 最多하

니라

덥개　（덥는다）　　찜개　（찜는다）　　쓰개　（쓴다）

몰이　（몬다）　　풀이　（푼다）　　막걸니　（걸는다）

질에　（질는다）　　쌀내　（쌘다）　　달음박질（달어난다）

색임질（색인다）

나 形容詞로부터 轉成된 것

길이　（길다）　　놉히　（놉다）　　넓이　（넓다）

무게　（무거웁다）　　치위　（치웁다）　　더위　（더웁다）

코길이　（코가 갈다）

다副詞로부터 轉成된 것（全로動物의名）

쌔쏠이　（쌔쏠쌔쏠）　기럭이　（기럭기럭）　매암이　（매암매암

삿치　（삿삿）　　맹쌩이　（맹쌩맹쌩）

二, 固有名詞

　죠션의　데일　처음인군은　　단군이요

　경성북쪽에　잇는산은　　빅악산이요

　공즈는　　동양의 셩인이요

中傍線을施한語와如한人名·地名等은一箇體로된特有의名稱

이니,此를固有名詞라稱하나니라

　　註　朝鮮語의文典에서는固有名詞·普通名詞를區別할必要가無하나,初學者를

爲하야一般言語學的으로此를區別한것이니라

練習

左의文에서普通名詞와固有名詞를指摘하라

1 금강산은　강원도에잇는대　죠선의뎨일명산이요

2 죠선어연구회는　경성태평통대한문압헤잇소

3 리수길이는　김복동이집에갓소

第二章　名詞의複數·轉音及敬語

一、名詞의複數를表함에는同一名詞를거듭한疊語를用하거나、或은「들」「마다」를添하나니라

사람사람이(사람마다)서울말을　표쥰어로하오

가지가지(가지마다)봄빗치요

성도들은　운동쟝에서　노오

어서 학교에들　가거라(어서들　학교에가거라)

어미닭이　병아리들을　품고 잇소

◎「들」은 흔히 사람과 動物에 用하나니라

二、名詞에는 左와 如히 轉音되는 境遇가 有하나니라

〔一〕略　音

소나무(솔나무)　　부삽 (불삽)

무쇠 (물쇠)　　마소 (말소)

화살 (활살)　　다달이(달달이)

右와 如히 合成語에는 上語의 終聲「ㄹ」이 省略되는 事가 多하니라

◎「닭」을「닥」,「삶」을「삼」이라 發音하나, 記할時에는 省略치아니하나니라

◎ 數詞中에 도「륙월」을「류월」,「십월」을「시월」이라 發音하는 特殊한

略音이 有하나니라

〔二〕加　音

가.終聲「ㅇ」을加하는것

붕어 （부어）　　잉어 （리어）　　숭어 （슈어）

농어 （로어）　　뱅어 （빅어…ㄱ을略하고ㅇ을加함）

右는大槪漢字音으로된魚類의名稱에多하니라

나.終聲「ㅅ」을加하는것

바다가 （바다ㅅ가）　　나무가지（나무ㅅ가지）

셰집 （셰ㅅ집）　　긔대 （긔ㅅ대）

논가온대（논ㅅ가온대）　　물독 （물ㅅ독）

봄바람 （봄ㅅ바람）　　밤사람 （밤ㅅ사람）

콩가루 （콩ㅅ가루）

等과如히頭字가「가다바사자」行으로된名詞上에他의名詞가形
容詞格으로附添되여合成語가될時는그名詞와名詞의間에「ㅅ」
을加하야發音하는事가多하니,此境遇에는「ㅅ」을記치아니하고

다만 發音을 强하게 함이 本則이나, 境遇를 隨하야는 字와 字의 間

에「ㅅ」을 添書하는 事도 有하니라

다「가다바」行字가「카타파」行字로 變하는 것

수캐　　암코양이

수닭　　암펄

等과 如히 名詞「암·수」의 下에 在한「가다바」行의 字가 頭字로 된 動物

의 名은 總히「카타파」行으로 變하나니라. 此以外에도 右와 如한 例

가 或有하니라

휘파람　살쿄기　안팟　마파람(南風)

三, 名詞의 敬語

[一] 人에게 對한 것

아버님(아버지)　　형님(형)　　션싱님(션싱)

빅시(맛 형)　　로인(늙은사람)　리츈원시(李春元)

〔二〕物質에 對한 것

진지 약쥬(藥酒)『술의 敬稱』 댁(宅) 슈라(水剌)『宮中의 敬語』

第三章　數詞의 種類及變化

數詞는 純粹한 朝鮮語로 稱呼하는 境遇와 漢字音으로 稱呼하는 境遇의 二種이 有하나, 如何한 境遇에는 訓으로 稱呼하고 如何한 境遇에는 音으로 稱呼한다 一率로 區分기 不能하니 此는 全혀 習慣에 依함이니라

一, 純粹한 朝鮮語의 境遇

〔一〕不名數 세일것(名詞)의 種類 如何를 不問하고, 다만 그 數量만 稱呼할 境遇에는, 一로부터 九十九싸지는 訓으로 稱呼하며, 또 百·千·萬以上의 境遇에도 그 百未滿의 端數는 訓으로 稱呼함이 通例이니라

하나　둘……열　열하나　스믈　스믈하나……아흔

아흔아홉

[二]名　數　名詞의 種類에 依하야 各種으로 變化되나니 此亦習
慣에 因합이요、其境遇를 限定키 不能하니라

하나
하로　한달　한살　한두사람

둘
잇흘　두달　두살

셋
사흘　석달　석살　석되　서말　석섬

석량　세사람　세마리　두서너사람

넷
무서너마리

나흘　넉달　네살　너되　너말　너섬

너량　네사람　서너마리　서너되　서너섬

다섯
두서너마리

닷새　다섯달　다섯살　닷되　닷말　닷량

다섯사람　다섯마리

여섯　엿세　여섯달　여섯살　엿되　엿말　엿량

여섯사람　여섯마리　대여섯사람

대여섯마리

일곱　일해　일곱달　여닐곱사람

여덜(여덟)　여들해　여덜달　일여덜사람

아홉　아홉해　아홉달

열　열흘　열달

멧　멧칠　멧달　얼마

右例와 如히 不名數가 名數로 變할 時에 日稱(하로·잇흘 等)을 除한 外에는「하나·둘」은「한·두」가 되며,「셋·넷」은「세서석·네너녁」이 되며,「다섯·여섯」은 或「닷·엿」이 되는 時도 有하나 大部分은 原形대로「다섯·여섯」이 仍用되며,「일곱·여덜·아홉·열」은 總히 原形대로 仍用되나니라

二、漢字音의 境遇

〔一〕單位가 萬·千·百 等 으로 終하는 數는 漢字音으로 稱呼하나니라

　　일만이쳔오빅원　　칠쳔오빅량

〔二〕百未滿數에도 習慣上 漢字音으로 稱呼하는 事가 有하니라

　　일원오십이젼　　이십오리

　　다섯시삼십오분스십오쵸

註　數詞의 境遇에는 名詞의 轉音의〔二〕加音中의「人」을 加함과 如한 事가 無하니 卽

　名詞의 境遇에는「세人집」〔貰家〕數詞의 境遇에는「서집」〔三戶〕이 되나니라

　〔십오리〕를〔시오리〕〔륙월〕을〔류월〕〔십월〕을〔시월〕로 略하는 事는 一種의 特例니라

第四章　代名詞의 種類 及 四稱

一、人代名詞

　나『는 네『를 사랑한다

저사람은　셔양사람이요

그이를　당신이　아십넛가

로형(老兄)은　누구시요

中傍線을 施한 語와 如히 人名을 代하야 用하는 代名詞를 人代名

詞라 稱하나니라

二, 指示代名詞

이것은　무엇이요

그것이　저것보다　낫소

봄이되면　여긔　저긔　고흔쏫치　피오

뎡거쟝을　어듸로　가오　이리(로)가오?

그리(로)　가지마시오　저리(로)가시오

中傍線을 施한 語와 如히 事物·場所·方向을 示하는 代名詞를 指示

代名詞라 稱하나니라

三、人代名詞의 四稱　人代名詞는 그 代用되는 人의 自·他·定·不
에 依하야 此를 自稱·對稱·他稱·不定稱의 四種으로 分하나니라

〔一〕自稱(第一人稱)　自己의 名을 代稱하는 것

나는 학교에 가오

내가 갓다오리다

저는 제집으로 가겟습니다

제가 그러케하얏습니다

〔二〕對稱(第二人稱)　相對者의 名을 代稱하는 것

당신은 영어를 잘하십닛가

자네가 가보게

너는 어적게 왜 아니왓느냐

이것을 네가 썻느냐

〔三〕他稱(第三人稱)　自己와 相對者 以外의 人의 名을 代稱하는 것

이어론은　내션싱님이요

그사람은　우리회원이요

저이집이　어되요

〔四〕不定稱(疑問稱)　誰某라고 定치아니한 人又는 不知하는 人을

指稱하는것

앗가　누(누구)가　왓소

누구든지　하나　오시오

저집은　뉘집이요

오날은　아모도아니왓소

어느어론이　쥬인쟝이십닛가

人代名詞의 四稱을 更히 相對者,又는 指示되는 人의 階級關係如

何에 依하야,尊敬(對上·普遍·對等又는 對下·對下의 四階級으로 分

하면 大略 左와 如하니라

稱＼類	自稱	對稱	他稱			不定稱
尊敬	저(제) 나(버)	당신 로형	이어른	그어른	저어른	어느어른
普通	나(버)	당신 로형	이량반	그량반	저량반	누구(뉘) 어느사람
對等 又는 下對	나(버)	자네 그대	이이	그이	저이	누구(뉘) 어느사람
對下	나(버)	너(네)	이사람(이)	그사람	저사람(제)	누구(뉘) 어느사람

◎自稱의尊敬(即自己의謙稱)에쇼인(小人)이라는語가有하야며 賤한者가尊貴한者에게用하더니今日에는漸次로廢止되여

◎ 가나니라

◎ 對稱의尊敬에는便宜上당신·로·형·을記하얏스나,一般的으로
對稱의敬語가되지못하는境遇가多하니,實際에在하야는相
對者되는其人의官職等의地位나,其人의年
齡의關係等에依하야,션싱·님·大監·大臣又는同等의人等에게)
令監(今日에는高等官의位에在하거나又는在하든者等에게)·
나으리(吏讀로는進賜又는進賜主라書하며「나으리」는短縮되
여「나리」라發音하나니,此는卑賤한人이判任官等의官職에在
하거나又는在하든者等에게對하야稱하는語·로인쎄·서·等의
各種이有하니라

◎ 坐對稱의普通에댁(宅의轉音)도有하니라

◎ 他稱의對下에이애(이ㅇ히의縮少된것)等의語가有하니,此는
小兒를指稱할時에用하고又는卑賤한者(自家의下人等)에게

도 用하나니라

◎ 自稱의「나」와「내」・「저」와「제」・對稱의「너」와「네」의 用法의 區別은 左와
如하니라

　내집　제집　네집

　내가　제가　네가

右記한 以外의 境遇에 는「나・저・너」를 用하나니라

◎ 自稱의 境遇에 他稱의「이사람」을 用하는 事도 或有하니라

◎ 不定稱「누구」와「뉘」의 用法은 左와 如하니라

　누가　　뉘집

右記한 以外에는 大槪「누구」를 用하나니라

◎ 他稱「이・그・저」의 區別은 指示代名詞의 項에서 詳說하겟노라

四, 指示代名詞의 四稱　　指示代名詞는 其指示하는 事物・場所・方向
의 遠近・定・不定 等에 依하야 此를 近稱・中稱・遠稱・不定稱의 四種으

로分하니라

[一]近稱　自己에게 近한 時

이리 오셔서 이것을　보십시오　여긔　조흔것이　잇

습니다

[二]中稱　自己에게 遠하고 相對者에게 近한 時

그것을　어듸서　사셧습닛가

여보시오　거긔가　죠션어연구회요？（電話）

덩거쟝은　그리로　가시는것이　갓가웁소

[三]遠稱　自己及相對者로부터 共히 遠한 時

저긔　저것이　사람이요？

아니요　그것（저것）은　허수아비요

즈동챠를 타고　이리저리　왓다갓다하오

앗가 가저간　그것이　뉘것이요

당신 일젼에 인쳔가 셧슬때에 거긔서 그사람을 맛

나섯습닛가

〔四〕不定稱

로형은 무엇을 조하하십닛가

어느것이 조흔것인지 알수업소

그런말을 어듸서 들엇소

이길은 어듸로 가는길이요

어느집이 그이집이요

죠션말을 공부하랴면 무슨칙이죳소

무엇이 무엇인지 알수업소

이시계는 어듸서 사셧소

指示代名詞의 四稱을 事物·場所·方向의 三種에 分하야 簡單히 表

示하면 左와 如하니라

不定稱	遠稱	中稱	近稱	稱＼種類
무엇(무슨…) 어느것 (어느…)	저 저것(그것)	그 그것	이 이것	事物
어듸	저긔(거긔)	거긔	여긔	場所
어듸(로)	저리(그리)	그리	이리	方向

◎ 遠稱「저·저것·저긔·저리」와「그·그것·거긔·그리」의 區別에 二種이 有하니

「저」는 現에 目擊하는 時에 만用하고,「그」는 흔히 目擊치 못하는 時

即過去의 事實等에 用하며,或遠稱에서도 中稱의 境遇와 如히

目擊할 時에도 用하나니라

◎指示代名詞「이것·그것·저것·어느것」의「것」은「거」도 되나니라

◎場所의指示代名詞「여긔·거긔·저긔·어듸」等에는 助詞「에」를 附치

아니하나니라

◎指示代名詞의「이것·그것·저것」을 人代名詞로 用하는 卑語도 有

하니라

人代名詞及指示代名詞의 不定稱에「아모」를 用하는 境遇가 有하

니

아모도　업소

아모도　아니왓소

아모것도　업소

아모것도　아니먹엇소(먹지아니하얏소)

아모데도　아니가오(가지아니하오)

와如히下에否定하는語가來할時에는,不定稱「누구」「무엇」「어듸」

等을用치아니하고반다시右例에示함과如히「아모」를用하나니

라

또「아모」는右에例示한否定語의上에用하는以外에,左例와如히

「아든지」,「이라도」,「이나」等의다만一個를指定치아니하는意로

用하는助詞上에도用하나니라

아모든지(누구든지)관계치안소

아모것이라도(아모것이든지)又는 무엇이든지가저오시오

아모데나(아모데든지·아모데라도)又는 어듸든지갑시다

人代名詞及指示代名詞「이·그·저」를「요·고·조」라稱하는事가有하니

요·것좀보시오 참적기도하오

고·것을먹고　취한단말이요

조·긔조·것이무엇인지　잘보이지아니하오

요·런것은　아모데도못쓰오

요·놈　조·놈　고·놈

等과如히事物을主觀的으로輕少淺薄하게, 換言하면蔑視하야

指示하는時에用하나니라

第五章　代名詞의複數及敬語

一、代名詞도名詞와如히下에「들」을附하야複數를表하는語도잇고

又本來로부터複數로된語도有하니라

〔一〕人代名詞의複數

自

稱　　우리　우리들

　　　저의　저의들

對稱　너의　너의들 ｛당신들·로형들／그대들·자네들

他稱　저의　저의들 ｛이사람들／그사람들／저사람들

不定稱　누구들

◎人代名詞의複數「우리·저의·너의·저의」는 或單數로用하는事도有하니라

너의집＝네집

저의집＝제집

우리집＝내집

저의집＝제집

◎「저의·저의들」은 그 境遇에 依하야 自稱 又는 他稱이 되나니라

저의들은　그런말을　들은일이　업습니다

저의들세리　한일이닛가　나는　알수업소

(二)指示代名詞의複數

이것들　그것들　저것들　무엇들

저칙상우에　잇는것이　무엇들이요

어제　가저온것이　저것들이요

◎又代名詞下에複數「들」을附하야그代名詞를複數로作하지아

니하고, 某動作을行하는主體를複數로作하는事가多하니라

(名詞에도此와如한例가不少하니라)

여보오　무엇들을　하고잇소

어듸들。 갓소

二, 人代名詞의對稱과他稱에左와如한特殊한敬語가有하니라

폐하　뎐하　각하　대감　령감　나으리　아버님

右는 第四章의 三「人代名詞의 四稱」에서 詳細히 說明하얏슴으로

玆에 重言을 省略하노라

練習

左의 文에서 代名詞를 指摘하고 其種類 及 稱을 答하라

1 이것은 내쳐이고 그것은 당신쳐이요

2 무엇인지 일음도 알수업는 적은새가 이리저리 날너갓다 날너 왓다하오

3 이것은여긔두고 그것은거긔두고 저것은저긔두시오

4 나는 네말을. 저사람에게 하겟다

5 우리친구는 어듸로갓는지 여긔저긔 차저보와도 업소

6 그집에 들어가보닛가 아모도업고 또 방안에는 아모것도업습듸다

第六章 動詞의 種類

第一　單音動詞와複音動詞

動詞는語根(如何한境遇에도變치아니하는部分)의構成上으로單音動詞와複音動詞에大別하나니라

一、單音動詞

간다	가오	가지아니하오	갓(가앗)소
본다	보오	보지아니하오	보앗소
둔다	두오	두지아니하오	두엇소
쓴다(書·用·冠)	쓰오	쓰지아니하오	쓰엇(썻)소
기다린다	기다리오	기다리지아니하오	기다리엿(렷)소
떨어진다	떨어지오	떨어지지아니하오	떨어지엿(졋)소
한다	하오	하지아니하오	하얏소

等과如히語根의末字가單音字(終聲이붓지아니한字)로된것을單音動詞라稱하나니라

흘느다　흘느오　흘느지아니하오　흘느엇(넛)소

흘은다　흘으오　흘으지아니하오

흘는다　흘느오　흘느지아니하오

굴은다　굴으오　굴으지아니하오

굴는다　굴느오　굴느지아니하오　굴느엇(넛)소

와如히語根의末字가「느」又는「으」로되고「어」에連하는境遇에는「으」를用치아니하고「느」만用하는特種의單音動詞가有하니라

此種의動詞는「느·으」의直上字가반다시終聲「ㄹ」로되니라

二、複音動詞

複音動詞는語根의末字가複音字(終聲이붓흔字)로된것을云하나니,此를또左의二種으로分하나라

〔一〕規則複音動詞

먹는다　먹으오(먹소)　먹지아니하오　먹엇소

신는다　신으오(신소)　신지아니하오　신엇소

슬는다　슬으오(슬소)　슬치아니하오　슬엇소

담는다　담으오(담소)　담지아니하오　담엇(앗)소

잡는다　잡으오(잡소)　잡지아니하오　잡엇(앗)소

웃는다　웃으오(웃소)　웃지아니하오　웃엇소

밧는다　밧으오(밧소)　밧지아니하오　바덧소

짓는다　짓으오(짓소)　짓지아니하오　지엇소

쏫는다　쏫으오(쏫소)　쏫지아니하오　쏫첫(첫)소

붓는다　붓으오(붓소)　붓지아니하오　부덧소

갑는다　가프오(갑소)　갑지아니하오　가펏(팟)소

낫는다　나흐오(낫소)　나치아니하오　나헛(핫)소

삶는다　삶으오(삶소)　삶지아니하오　삶엇(앗)소

싹는다　싹그오(싹소)　싹지아니하오　싹것(갓)소

와 如히 語根의 末字가 複音字로되고, 單音으로 變하는 事가 無한

것을 **規則複音動詞**라 稱하나니라

右에 例示한 中「으」·「어」에 連하는 境遇에 限하야 多少 不合理한 點이 不無하나、此는 初聲 十四字 中 七字만 終聲에 用하고 其餘 七字를 終聲에 用치 아니하는 結果에 不外하니라(第四頁參照)

參考資料로 左에 歷史的原形대로「아」行字에 連結하는 例를 示하노니 前例와 對照하라

밧는다	짓는다	쏫는다	붓는다	갑는다	낫는다	삭는다
받으오	짗으오	쏫으오	붇으오	갑으오	낳으오	싺으오
받엇소	짗엇소	쏫엇소	붇엇소	갑엇소	낳엇소	싺엇소

要컨대 右는 初聲中「ㄷ ㅈ ㅊ ㄹ ㅎ」를 終聲으로 用치아니하고 다만
「ㅅ」을 代表的으로 用하며、또「ㅍ」는「ㅂ」으로 代用하는 結果이나、前述
한바와 如히 下에「아」行字 即「으」「어」等에 連할 時에 限하야 多少 變則
의感이 有할뿐이요,其他境遇에는 發音上 少毫도 關係가 無하며、
또 右와 如한 結果로「부트오·부텃소」를「붓흐오·붓헛소」·「가프오·가
펏소」를「갑흐오·갑헛소」等으로 書하는 事도 有하니라

〔二〕不規則複音動詞

운 다　　우 오　　우지아니하오　　울엇소
　　　　　　　　　울지아니하오
　　　　부(으)오
붓 는 다(注)　　붓 소　　붓지아니하오　　부엇소
　　　　지(으)오
짓 는 다(作)　　짓 소　　짓지아니하오　　지엇소

줍는다　　줍소　　줍지아니하오

주(으)오　　주엇소

와如히複音動詞가單音動詞와如히活用되는境遇가有하며、또

안는다　안즈오(안소)　안지아니하오　안젓소

뭇는다　물으오(뭇소)　뭇지아니하오　물엇소

듯는다　들으오(듯소)　듯지아니하오　들엇소

와如히境遇에依하야語根에附한終聲이變하는것이有하니以

上과如한者를不規則複音動詞라稱하나니라

右例中「운다」와如히「ㄹ」을加하는種類는多하나,其以下各例에屬

한種類는甚少하니라

　　　註　不規則動詞라할지라도그活用하는境遇와時가同一하면그形은規則的으로

一定하니라

上述한以外에詳細한것은助用詞‧助詞와連結하는規則을說明

練習

動詞練習의 參考資料로 左에 各種動詞의 日常 使用되는 것을 若干 類聚하노라

1 單音動詞中혼이 使用되는 것

가르친다	가린다	가진다	새운다
새(여)진다	새(여)트린다	갠다	건넌다
고인다	쇠인다	곳친다	굽힌다
그만둔다	굿친다	난다	나간다
나온다	낸다	너머진다	녹인다
놀난다	놀낸다	쓴다	샌다
달어난다	쌀은다	써난다	턴진다
된다	뜬다	들어난다	맛진다
맛난다	맛본다	몬다	모인다

모자란다　물들인다　　버린다　　빠진다

배운다　박인다　부러진다　뿌린다

못친다　빌닌다　사괸다　싸인다

삭인다　산다　센다　손다

식힌다　열닌다　원다　인다

잔다　잡근다　주린다　주무신다

준다　진다　지난다　진다

씬다　찬다　친다　켠다

란다　판다　흐린다　흠친다(拭·盜)

2

單音動詞中語根이〔느〕·〔으〕로된것

거슬는다　걸는다　곫는다　걸는다

날는다　눌는다　뜰는다　말는다

몰는다　풀는다　발는다　불는다

살·는다　올·는다　일·는다　졸·는다

쉴·는다

3　規則複音動詞中혼이 使用되는 것

가. 「ㄱ」이 붓는 것

녹·는다　막·는다　묵·는다　박·는다

빅·는다　삭·는다　속·는다　썩·는다

숙·는다　식·는다　익·는다　쩌·는다

죽·는다　찍·는다(捺)　찍·는다(斫)　찍·는다(먹을)

나. 「ㄴ」이 붓는 것

논·는다(分)　문·는다(壞)　안·는다(抱)

다. 「ㄹ」이 붓는 것　(此는 全部가 不規則複音動詞인즉 當該練習의 條項을 參照할지니라)

라. 「ㅁ」이 붓는 것

감는다　남는다　넘는다　썰는다

참는다　숨는다　심는다

마.「ㅂ」이 붓는것　(參考로「ㅂ、ㅍ」를 別記함)

(ㅂ)　손을뽑는다　굽는다(曲)　씹는다　업는다
　　　입는다　쵸잡는다　집는다(拾)
　　　집는다　찝는다

(ㅍ)　덥는다(蓋)　집는다(杖)　업는다(覆)

바.「ㅅ」이 붓는것　(參考로「ㅅ ㅈ ㅊ ㄷ ㅌ ㅎ」를 別記함)

(ㅅ)　솟는다　싯는다　쌔앗는다

(ㅈ)　갓는다　뭊는다　맛는다(中)

(ㅊ)　쩟는다　싯는다　찻는다

(ㅊ)　좃는다　쫏는다

(ㄷ)　걋는다(收)　굿는다　닷는다(閉)　돗는다

뭇는다(埋)　　및는다　　엇는다

(ㅌ) 붓는다

(ㅎ) 궂는다

사．重終聲이 붓는것　（參考로ㄲ 及ㄳ를併記함）

(ㄹ) 낡는다　늙는다　긁는다

(ㄻ) 곪는다　닮는다　욺는다

(ㄼ) 엷는다

(ㄺ) 억는다　낙는다　닥는다　묵는다(束)

복는다

(ㄳ) 실는다(잇는다)　눌는다(굿는다 ⋮ 焦)　（此種은 終聲이 變하는 不規則動詞의

部類에 屬함）

4　不規則複音動詞

강．「ㄹ」이 붓는것

간다(磨)　산다(敷)　건다(掛)　난다(飛)

논다　는다(增)　단다　던다

돈다　든다　만다　몬다

문다(咬)　민다(推)　번다　본다

빈다(借)　산다(居)　쓴다(掃)　안다

언다　인다(起)　준다(減)　존다

판다(賣)　푼다　헌다

나。 [ㅂ]을 省略하는 것

굽는다(炙)　깁는다(補)　눕는다(臥曝洒)　돕는다

第二　本來動詞와 轉成動詞

一、本來動詞

간다　본다　온다　먹는다　잡는다　떨어진다

와如히本來로부터事物의動作을表示하는單語로된것을本來

動詞라稱하나니라

二、轉成動詞

轉成動詞는他品詞로부터轉成된것을云함이니,此를細別하면

左와如하니라

（一）名詞로부터轉成된것

가。名詞가그대로語根이된것

씌를씐다

신을신•는다

되로된•다

兒孩를밴다

나。「한다」가붓는것（此種類中에는漢字又는漢熟語로된것이最多함）

말한다

벼슬한다

怒한다

가을한다

工夫한다

다. 「진다」가 붓는 것

살진다

(二)形容詞로부터轉成된것

가. 形容詞의語根이그대로語根이된것

形容詞	動詞	動詞
크다	큰다	크인다
더웁다	더웁는다	데운다
밝다	밝는다	밝힌다
붉다	붉는다	붉힌다
더러웁다	더러웁는다	더러웁힌다
늣다	늣는다	늣친다
그리웁다	—	그린다
	그린다	

나. 「진다」가 붓는 것(形容詞는 總히 此形으로 動詞가 되나니라)

(三)副詞로부터 轉成된 것

가. 「한다」가 붓는 것

形容詞	動詞
가벼웁다	가벼워진다
적다	적어진다
쓰다	써진다
흔들흔들한다	듸둥듸둥한다
대롱대롱한다	싹한다
우루루한다	탕한다

此境遇에 副詞의 語根의 差異로 强弱大小의 度를 表示하는 것도 有하니라

흔들흔들한다——한달한달한다

대롱대롱한다——듸룽듸룽한다

나,「거린다」가 붓는 것댄다가 붓기도함)

흔들거린다　　되뚱거린다

재재거린다　　종얼거린다

[四]存在詞로부터 轉成된것

存在詞　　　動詞

업 다　　　업서진다

上記한以外에 名詞下에 各種의 動詞가 附하야 一個獨立한 動詞

와如히 使用되는 例를 左에 示하노라

물든다　　병든다　　밤든다　　번든다

잠든다　　풍년든다　귀먹는다　욕먹는다

초잡는다　자리잡는다　슈놋는다　첨놋는다

소박맛는다　매맛는다　바람맛는다　겁난다

성난다　　열난다　　아우본다　　일본다

관리가 ㅇ죠션말을 공부한다

션성님이　문법을　가르치신다

의 찬다·먹는다·공부한다·가르치신다와 如히 動作의 主되는「학성·사람·관리·션성님」의 外에 其 動作을 受하는「공·밥·죠션말·문법」의 目的語를 加하야야 비로소 文意가 通하는 動詞를 他動詞라 稱하나니라

右例에 依하면 他動詞는 大概「을·를」의 助詞를 受하는 것이 通例이나 그 動詞의 性質을 熟考하지아니하면 自他를 混同하기 易한 故로 左에 數例를 示하노라

오날은　바람이　대단히　부오 (自)

ㅇ희들이　피리를　부오 (他)

나는　리일　슈원을　가겟소 (自)

개가　다리를　건너간다 (自)

종일　길을　걸엇소 (自)

공부하러　고향을　떠낫소(自)

문을　닷는다＝닷친다(他)

샤진을　박는다＝박인다＝박힌다(他)

三, 自他의 轉成

動詞에는 온다·간다 와 如히 自動詞뿐이요 此에 對한 他動詞가 無
한 것도 잇고,또 친다(打)·보낸다(送)와 如히 他動詞뿐이요 此에 對
한 自動詞가 업는 것도 잇스며,또 분다(吹)와 如히 自他 同形으로 된
것도 잇스나,自動詞로부터 他動詞로,他動詞로부터 自動詞로 轉
成되는 것이 最多하니 左에 其 例를 示하노라

(一)自動詞로부터 他動詞를 作하는 例

가. 「이것」는「우」가 붓는 것(主로 單音動詞에)

	自動	他動	自動	他動
자다	잔다	잰다(재운다)	탄다	탠다(태운다)

（自動）

샌다	난다
놀난다	건넌다
선다	드러난다
뜬다	큰다
지난다	나린다

（他動）

매운다(샌다)	낸다
놀낸다	건넨다
세운다(센다)	드러낸다
씐다(씌운다)	킌다
지낸다	나리운다(나린다)

나.　「ㅎ」나「이」가 붓는 것 主로「ㄱ나 ㅂ」의 終聲을 有한 複音動詞에)

自動	他動	自動	他動
식는다	식힌다	삭는다	삭힌다(삭인다)
녹는다	녹힌다(녹인다)	속는다	속힌다(속인다)
묵는다	묵힌다(묵인다)	썩는다	썩힌다(썩인다)
숙는다	숙힌다	익는다	익힌다
죽는다	죽인다	늙는다	늙힌다

밝는다　　밝힌다　　붉는다　　붉힌다

더러웁는다　더러웁힌다　굽는다　　굽힌다

눕는다　　눕힌다(누인다)

당. 「기」가 붓는 것(主로 規則複音動詞에)

自動　　他動　　自動　　他動

웃는다　　웃긴다　　맛는다　　맛긴다

남는다　　남긴다　　숨는다　　숨긴다

넘는다　　넘긴다　　움는다　　움긴다

굼는다　　굼긴다　　싯는다　　적신다(特例)

라. 「치」가 붓는 것(主로「ㅅ」終聲을 有한 複音動詞에)

自動　　他動　　自動　　他動

붓는다　　붓친다　　뭇는다　　뭇친다

굿는다　　굿친다　　맛는다　　맛친다

맛。「ㄴ」가 붓는 것(語根이「ㄴ·ㅇ」로 된 單音動詞와 語根에「ㄹ」이 붓는 不規則複音動詞에)

안는다　안친다（特例）

自動	他動		自動	他動
홀는다	홀넌다		말는다	말넌다
날는다	날넌다		올는다	올넌다
굴는다	굴넌다		산다	살넌다
난다	날넌다		논다	놀넌다
는다	늘넌다		돈다	돌넌다
언다	얼넌다		준다	줄인다（特例）
준다	줄인다（特例）			

밧。「트리」가 붓는 것(語根이「지」로 된 單音動詞는 總히 此形으로 他動이 됨)

빠진다　빠르린다

떨어진다　떨어트린다

새여진다　　새여트린다　　넘어진다　　넘어트린다

불어진다　　불어트린다　　넘어진다　　넘어트린다

(二)他動詞로부터 自動詞를 作하는 例

가. 「이」가 붓는 것(主로 單音動詞에)

他動	自動	他動	自動
본다	보인다(뵌다)	몬다	모인다
쓴다	쓰인다	싼다(摘)	쌘다
판다	팬다	탄다(碾割)	탠다
싼다	싸인다(特例)		

나. 「히」가 붓는 것(主로「ㄱ」「ㅆ」는「ㅂ」終聲을 有한 複音動詞에)

他動	自動	他動	自動
먹는다	먹힌다	막는다	막힌다
박는다	박힌다	찍는다(捺)	찍힌다

긁는다　　긁힌다　　　　썹는다　　썹힌다
잡는다　　잡힌다　　　　읽는다　　읽힌다
집는다　　집힌다　　　　덥는다　　덥힌다
업는다　　업힌다

다.　「기」가 붓는 것(主로 規則複音動詞에)

他動　　自動　　　　　他動　　自動
씻는다　　씻긴다　　　　썿는다　　썿긴다
복는다　　복긴다　　　　싹는다　　싹긴다
닷는다　　닷긴다　　　　씻는다　　씻긴다
닥는다　　닥긴다　　　　석는다　　석긴다

라.　「니」가 붓는 것(自動으로 他動이 되는 境遇와 同함)

他動　　自動　　他動　　自動　　他動　　自動

겄는다(收)　겄친다

註　右例에 依하면 自動詞를 他動詞로 作하는 境遇나 又는 他動詞를 自動詞로 作하

는 境遇에 共通的으로「이·히·기·치·나」가 必要한 故로 一個語의 外形으로는 그 何者임

을 判斷키 不能하니, 반듯이 其語의 性質을 熟考하야 自他를 區別할지니라

쓰「이·히·기·치·나」等이 附하는 法則의 區別은 直上字인 語根字에 依합임을 會得할지

니라

第四　被動詞와 使動詞

動詞를 自他로 區別하는 外에 更히 被動詞와 使動詞로 區別하나니

라

一、被動詞

被動詞는 受身動詞라고도 稱하야 他로부터 動作을 被하는 意를

示하는 것인대 朝鮮語에는 他動詞에만 被動詞가 有하고 自動詞

에는 被動詞가 無하니라

(二)動詞의 性質上 本來로부터 被動詞로 된 것

　맛는다(被打)　　속는다(被欺)　　들킨다

(三)他動詞로부터 被動詞를 作하는 例

　가。「이」가 붓는 것

　　他動　　　　被動

　　찬다　　　　챈다

　　쓴다(用)　　쓰인다(씬다)

　　　　　　　他動　　　　被動

　　　　　　　판다　　　　팬다

　나。「히」가 붓는 것

　　他動　　　　被動

　　적는다　　　적힌다

　　먹는다　　　먹힌다

　　　　　　　他動　　　　被動

　　　　　　　잡는다　　　잡힌다

　　　　　　　긁는다　　　긁힌다

　다。「기」가 붓는 것

　　他動　　　　被動　　　　他動　　　　被動

라。「니」가 붓는 것

他動　被動
안는다　안긴다
씃는다　씃긴다
셋는다　셋긴다
　　　　빼앗는다　빼앗긴다
　　　　셋는다　셋긴다

他動　被動
길는다　길닌다
불는다　불닌다
문다　물닌다
분다　불닌다

他動　被動
눌는다　눌닌다
찔는다　찔닌다
민다　밀닌다
쓴다　쓸닌다

망。「치」가 붓는 것

他動　被動
가둔다　가친다

註一　動詞를 被動詞로 變하는 方式은 極히 不便할뿐아니라 前述한바와 如히 自動

詞는 被動詞로 變키 不能하며 又 他動詞라도 一々히 被動詞가 되는 것은 아니요 右

에 例示한 바와 如히 極히 稀少한 故로 普通境遇에는 其文의 主客을 換置하야 文을

作하는 外에 他途가 無하니 左에 二三의 例를 示하면

저사람이 개를 죽엿소

개가 죽엿소

저사람이 개를 싸려죽엿소

개가 저사람에게 마저죽엿소

와 如히「죽엿소」「죽엿소」外에 被殺이라고 言키 不能하며, 쏘 取笑의 意를 云함에는

달은 사람이 웃는다

달은 사람에게 웃음을 밧는다

라고 하는 外에 他途가 無하며, 쏘 余는 昨夜에 客의 來訪을 受하야 複習치 못하얏다

는 意를 云함에는

나는 어재밤에 손이와서 복습을 못하얏다

라고 하는 外에, 被動의 文을 作하기 不能하니라

註二 他動詞가 被動詞로 되는 境遇는 其 大部分이 他動詞가 自動詞로 되는 境遇와 同形임으로 此를 區別함에는 文全體의 性質에 依하야 自動詞格인지 被動詞格인지를 判定할지니 左에 二三의 例를 示하노라

아침에 찬반찬을 과히 먹어서 물이 만히 먹힌다(自動)

개가 범에게 잡어먹혓다(被動)

여러가지 성각을 하면 일이 손에 잡히(自動)지 아니한다

저놈은 철도질을 하다가 형사에게 잡혓다(被動)

양지는 잘 씻긴다(씨저진다)(自動)

싸흠을 하면 옷을 씻기(被動)기 쉽읍다

二, 使動詞

使動詞는 使役動詞라고도 稱하나니 他를 使役하야 某動作을 하게 하는 것이니라

(一)使動詞를作하는普通의例

가. 「게한다」를附하는것(動詞는總히此形으로使役의形이되나니라)

가게한다　　오게한다　　훑느게한다　먹게한다

웃게한다　　울게한다　　뭇게한다　　듯게한다

싸리게한다　맛게한다　　죽게한다　　죽이게한다

하게한다　　공부(를)하게한다

나. 「식힌다」를附하는것(한다의上에附하야動詞가되는名詞等에附하나니라)

공부(를)식힌다　　運動을식힌다

달음박질을식힌다　말(을)식힌다

(二)自動詞·他動詞로서使動詞가되는例

가. 「이」가붓는것

보인다　씬다

먹인다　샌다　잰다　탠다

나, 「히」가 붓는 것

업힌다　샙힌다　눕힌다

잡힌다　밝힌다　씹힌다　찍힌다

다, 「기」가 붓는 것

웃긴다　벗긴다　안긴다　씻긴다

라, 「니」가 붓는 것

눌닌다　팔닌다　쌀닌다　슬닌다

불닌다　썰닌다　풀닌다　헐닌다

들닌다　놀닌다　물닌다　쓸닌다

마, 「치」가 붓는 것

안친다　훌친다

註　使動詞는 右에 例示한(一)에 依하야 作하면 大槩 可能하나, 其(二)의 例는 其 形에 在

하야는 自動詞가 他動詞로 變하고, 他動詞가 自動詞로 變할 時와 相異한 點이 無한

若干 多한 故로 動詞의 自·他·被·使를 區別함에는 文의 前後의 關係를 分明히 한 後에

斷定함이 可하니라

總練習

I

左의 文中에서 動詞를 指摘하고 그 自動·他動을 區別하라

나비가　꽃출보고　날어드오

산에　사는사람도　나무를　앗겨야하오

바람불고비오는날에도　쉬지아니하오

봄에는　한강에　배를　씌고　노는사람이만소

식기전에　잡수시오

길을뭇는사람이잇거든　잘가르쳐주시오

2

左의 文中에서 動詞를 指摘하고 그 被動·使動을 區別하라

남에게 속을지언정 남을 속이지말지니라

개똥도 약에 쓴다

어머니 품에 안겨서 콜々 잔다

도적놈에게 돈을 쌔앗겻소

십년동안이나 할머니에게 길넛소

밋친개에게 물닌데는 무엇이약이되오

모즈가 바람에 불녀셜어첫소

아들을입학식히려 서울써지다리고왓쇼

음악을잘하면 사람을 울니기도하고 웃기기도하오

어린으히가 우니 젓을먹여 재시오

심도들에게 물을 쌈히오

형에게 아우를 업힌다

뎐챠안에서 밟헛소

第七章 動詞의活用

動詞가活用됨에는其語根이直接으로助詞又는助用詞에聯結하
야各種으로意味를相異케하는境遇가多한故로其詳細는後에說
明할助用詞又는助詞의章을參考할지며,玆에는單히直接聯結을
除한外에必要한境遇에動詞와助用詞又는助詞의間에「아·어·여·야」
가入하는規則을說明코자하노라.其「아·어·여·야」를特히命名하야活
用字라稱하나니라

活用字가必要한境遇를例示하면左와如하니라

본다

보앗소　　보아라　　보아야하오　　보아도

보아서　　보아요　　보앗던(든)　　보앗스면

보아주오(勸)　보앗드면　보앗더니　보앗드라도

먹는다　먹엇소　먹어라　먹어야하오　먹어도

即活用字는動詞를過去(又는旣然)의助用詞等에連結하는境遇에

多用되나니라

活用字「아·어·여·야」의區別은動詞의語根의種類에依하야一定하얏

나니其例를左에示하노라(玆에는다만過去의境遇만例示하노니

餘는此에倣하라)

먹어·서　먹어·요　먹엇·던(든)　먹엇·스면

먹엇·드면　먹어·보오　먹엇·더니　먹엇·드라도

「먹 動」

(一) 아　單音動詞의語根의末字가「ㅏ·ㅗ」의中聲인時

가앗·소(갓소)　사앗·소(삿소)　보앗·소　오앗·소(왓소)

(二) 어　單音動詞의末字가「ㅜ·ㅡ·ㅓ·ㅕ」의中聲인時와複音動詞의

全部(但複音動詞라도語根의末字의中聲이「ㅏ·ㅗ」면「아」를用하

야도無妨함)

두·엇·소　쓰·엇·소(썻소)　서·엇·소(섯소)　겨·엇·소(겻소)

먹•엇•소

잡•엇•소(잡•앗•소)

웃•엇•소　　　　미•덧•소(밋엇소)

신엇소

울•엇•소

쌓•엇•소(쌓•앗•소)（卷）

감•엇•소(감•앗•소)

주•엇•소(拾)

(三) 여　單音動詞의 語根의 末字가「ㅣ」의 中聲인 時(한다의 下에는
「여」를 用하야도 無妨함)

되•엿•소

가르치•엿•소(가르쳣소)

기다리•엿•소(기다렷소)

뇌•엿•소

◎ 動詞의 語根下에 尊敬助用詞「시」가 附할 時에는 其動詞의 語根
의 如何를 不問하고「시」를 語根으로 看做하야「여」를 附하나니라

가시•엿•소(가셧소)

쓰시•엿•소(쓰셧소)

막으시•엿•소(막으셧소)

오시•엿•소(오셧소)

두시•엿•소(두셧소)

(四) 야　單音動詞「한다」에 만 附하나니라

하·얏·소

註　動詞의 活用은 上述한바와 如히 右活用字以外에 動詞에 附하는 助用詞及 助詞

를 分明히 習得함이 必要한 故로 各々 其章에서 連結하는 方式等을 會得할지니라

第八章　形容詞의 種類

第一　單音形容詞와 複音形容詞

形容詞도 動詞와 如히 語根의 構成上으로 單音形容詞와 複音形容

詞에 大別하나니라

一、 單音形容詞

차다	차오.	찬물	차지아니하오
어리다	어리오	어린아히	어리지아니하오
크다	크오	큰나무	크지아니하오
더듸다	더듸오	더듼걸음	더듸지아니하오
튼튼하다	튼튼하오	튼튼한신	튼튼하지아니하오

等과 如히 語根의 末字가 單音字로 된 것을 單音形容詞라 稱하나

니라

달느다　　달느오　　달는것

달으다　　달으오　　달은것　　　　달넛소

쌀느다　　쌀느오　　쌀는긔챠　　쌀넛소

쌀으다　　쌀으오　　쌀은긔챠　　　—

와 如히 語根의 末字가 「느」又는 「으」로 되고 活用字 「어」等에 連하는 境
遇에는 「으」를 用치 아니하고 「느」만 用하는 特種의 單音形容詞가 有
하니라, 此境遇에 「느·으」의 直上字가 반듯이 終聲 「ㄹ」로 됨은 動詞의
境遇와 如하니라

二, 複音形容詞

複音形容詞라 함은 語根의 末字가 複音字로 된 것을 云하나니 此
를 또 左의 二種 으로 分하나니라

（一）規則複音形容詞

적다　　적으오(적소)　　적은 개　　적지아니하오

검다　　검으오(검소)　　검은소　　검지아니하오

좁다　　좁으오(좁소)　　좁은 길　　좁지아니하오

곳다　　고드오(곳소)　　고든나무　　곳지아니하오

늣다　　느즈오(늣소)　　느즌째　　늣지아니하오

얏다　　야트오(얏소)　　야튼우물　　얏지아니하오

깁다　　기프오(깁소)　　기픈내　　깁지아니하오

맑다　　맑으오(맑소)　　맑은 물　　맑지아니하오

얇다　　얇으오(얇소)　　얇은 조희　　얇지아니하오

와如히語根의末字가複音字로된것을 **規則複音形容詞**라稱하나니라

右에例示한中 곳다·늣다·얏다·깁다 等을參考資料로左에歷史的

原形대로記하노라

곳다──곧다　　곧으오　　곧어야하오

늦다──늦다　　늦으오　　늦어도좃소

얏다──얕다　　얕으오　　얕어서잘보이오

깁다──깊다　　깊으오　　깊엇다

右는第六章動詞의種類에서述한바와如하며(第五六頁參照)且「야」트
오」를「얏흐 오」、「기프 오」를「깁흐 오」等으로書하는事도有하니라

(二)不規則複音形容詞

길다　　기오　　긴대　　길지아니하오

더웁다　　더우오(더웁소)　　더운날　　더웁지아니하오

낫다　　나으오(낫소)　　나은물건　　낫지아니하오

와如히複音形容詞의語根이單音이되는境遇도有하니라

또

조타　　　조으오(좃소)　　조흔것　　조치아니하오

만타　　　만흐오(만소)　　만흔것　　만치아니하오

올타　　　올흐오(올소)　　올흔말　　올치아니하오

　와 如히變態의形容詞도有하니以上과如한者를 不規則複音形

容詞라稱하나니라

右에例示한中조타·만타·올타等을參考資料로歷史的原形대로

表示하면左와如히規則複音形容詞가되나니라

좋다　　　좋으오(좋소)　　좋은것　　좋지아니하오

옳다　　　옳으오(옳소)　　옳은말　　옳지아니하오

많다　　　많으오(많소)　　많은것　　많지아니하오

　右도또한第六章에서說明한바와如히初聲全部를終聲으로使

用치아니하는結果이니라(第五七頁參照)

註　不規則이라할지라도其活用하는境遇와時가同一하면其形은規則的으로一

定하니라

不規則形容詞에는「길다·더웁다」의部類에屬한것이最多하니라

練習

形容詞練習의參考資料로左에各種形容詞의日常使用되는것을若干類聚하노라

1　單音形容詞中혼이使用되는것

깁부다	구리다	날써다	누르다
더되다	되다	모지다	배꼽흐다
밧부다	비리다	비싸다	오래다
씨다	설픠다	청가시다	청기다
쓰다	압흐다	어리다	싸다
싸다	재다	차다	흐리다
희다			

2　單音形容詞中語根이「느·으」로되는것

달으다　　물으다　　발으다　　쌀으다

서릍으다　　곯으다　　쌀으다

3　規則複音形容詞中혼이使用되는것

검다　　곳(ㄷ)다　　갓(른)다　　굿(ㄷ)다

낫(ㅈ)다　　깁(ㅍ)다　　굵다　　넓다

묽다　　떫다　　약다　　어리석다

얏(른)다　　작다　　애닯다

4　不規則複音形容詞

×[른]이 붓는것

가늘다　　길다　　드물다　　멀다

섧다　　어질다　　잘다　　질다

거츨다

×[읍]이 붓는 것

가려웁다　간지러웁다　괴로웁다　가벼웁다

고마웁다　가여웁다　갓가웁다　그리웁다

돗타웁다　더러웁다　듯거웁다　듯터웁다

무거웁다　쓰거웁다　마려웁다　매웁다

부러웁다　무서웁다　미웁다　반가웁다

어려웁다　정다웁다　웃으웁다　외로웁다

시다　어두웁다　앗가웁다　승거웁다

붓그러웁다　쉬웁다　새로웁다　사나웁다

좀스러웁다　부지러웁다　부들어웁다　즐거웁다

날카라웁다　해로웁다

註　「웁」은 縮少되여「ㅂ」이 되는 事도 有하니라

고마웁소──고맙소　더러웁다──더럽다

第二　本來形容詞와 轉成形容詞와 二重形容詞

一、本來形容詞

차다　더웁다　크다　적다　만타　밝다

와 如히 本來로부터 事物의 性質·狀態를 表示하는 單語로 된 것을

本來形容詞라 稱하나니라

二、轉成形容詞

轉成形容詞는 他品詞로부터 轉成된 것을 云함이니 此를 細別하

면 左와 如하나라

(一)名詞로부터 轉成된 것

가、「스러웁다」가 붓는 것

사람스러웁다　　병신스러웁다

구차스러웁다　　걱정스러웁다

나、「다웁다」가 붓는 것

정다웁다　　남즈다웁다

그립다웁다　　부모다웁다

다。「로웁다」가 붓는 것

리로웁다　　　해로웁다

외로웁다(외는 接頭語)괴로웁다

수고로웁다

(二)動詞로부터 轉成된 것

밋그러웁다(밋그러진다)　　간지러웁다(간질은다)

그리웁다(그린다)　　반가웁다(반긴다)

앗가웁다(앗긴다)　　즐거웁다(즐긴다)

웃으웁다(웃는다)

(三)各種의 語에「하다」가 붓는 것(此 種類에 屬한 것이 最多함)

가。　純全한 朝鮮語로 된 것

튼튼하다　　쓸쓸하다　　심심하다　서늘하다

물넝물넝하다　오목하다　쏙족하다　조곰아하다

（以上은 副詞로 부러）

진하다　착하다　흔하다　셩하다

나。　漢字로부터成한것

순하다　장하다　쥭하다　실하다

부족하다　부졍하다　쳥쳥하다　젹젹하다

평평하다　총총하다　태평하다　무수하다

진실하다　번화하다　무안하다　무미하다

불안하다

三、二重形容詞

二重形容詞는同一한形容詞가重合되거나又는形容詞에他語
가附하야其形容詞의意味가或輕或重하게되는것을云함이니
라

(一)意味가 輕하게 되는 것

붉으스름하다　　푸르스름하다　　검으스름하다
누르스름하다　　밝으스름하다　　파르스름하다
감으스름하다　　노르스름하다　　붉웃붉웃하다
파릇파릇하다　　누릇누릇하다

註　「스름하다」는 色彩가 淺淡한 意를 表示하는 語니 此를 代하야「레하다」를 用하는 事도 有하니라

「붉웃붉웃하다」와 如히 語根이二重으로 된 語는 여긔저긔 赤色이 點綴한 意를 示함 이니라

(二)意味가 重하게 되는 것

희고희다　　　　차고차다
파라타(퍼러타)　　검고검다
삼아타(섬어타)　　빨아타(썹어타)　　노라타(누러타)
하야타(허여타)　　새파라타(시퍼러타)

새빩아타(시썰어타)　새샴아타(시쌤어타)　새ㅅ노라타(시ㅅ
누러타)

좁의좁다　　　　차듸차다

右記한 外에 左와 如한 것도 有하니라

크 다＝커다라타　　길 다＝길직하다

묵어웁다＝묵직하다　물 으다＝물신하다

깁 다＝깁숙하다　　얇 다＝얇한하다

又 形容詞에는 主觀的 感情을 表示하는 것이 多함으로 語根의 中聲
의 差異로 强弱大小를 表示하는 것도 有하니라

룽룽하다＝룽룽하다

튼튼하다＝탄탄하다

푸르다＝파라타(파라하다)

우둘우둘하다＝오돌오돌하다

第九章　形容詞의 活用

形容詞의 語根도 動詞의 語根과 如히 助用詞又는 助用詞等에 直接聯結하는 外에 必要한 境遇에는 活用字「아·어·여·야」가 中間에 入하야 兩者를서로 連結케하나니 그 活用字를 必要로 하는 境遇와 活用字「아어·여·야」의 使用上의 區別은 第七章에 述한 動詞의 境遇와 大差가 無하나 다만 形容詞의 境遇에는 形容詞의 性質上、動詞의 境遇와 相異한 點이 有하니 詳細는 第十一章에 述하려니와 茲에는 다만 그 一例를 示하노라

動詞	形容詞
둔다	깃부다
두어라	깃부어라（不可）
두어주시오	깃부어주시오（不可）

形容詞의 語根에「活」한다·「活」진다」를 附하야 動詞를 作하나니라（活

은 活用字의 略)

(一)「活」한다」는 人類나 動物의 感情을 表하는 形容詞에 附하야「…

께싱깍한다」는 意를 表하나니라

形容詞　　動詞

더웁다　　더워한다

고마웁다　고마워한다

미웁다　　미워한다

(二)「活」진다」는 形容詞에 附하야「…께된다」는 意를 表하나니라

形容詞　　動詞

가벼웁다　가벼워진다

희다　　　희여진다

註 「活」진다」의 代에「…게된다」를 用하야「가벼웁게된다」「희게된다」라하야도 無妨하나

一般的은 아니니라. 쏙「가벼워진다」「희여진다」는 形容詞의 語根과「活」진다」가 合하

第十章 存在詞의 種類及活用

存在詞는 다만 左의 三語가 잇슬뿐인대、動詞·形容詞의 活用을 兼有

한것과 形容詞의 活用에 近似한것으로 區分되나라

一、動詞·形容詞의 活用을 兼有한것

잇다 　　잇소 　　잇는사람 　　잇서도좃소

업다 　　업소 　　업는것 　　업서도좃소

動詞와 如히 活用되는 部分과 形容詞와 如히 活用되는 部分의 詳

細한 事는 第十一章에서 說明코자하노라

存在詞「잇다·업다」下의 活用字는 特히「서」를 用하나니라

잇섯소 　　잇서야하오 　　잇섯스면

업섯소 　　업서야하오 　　업섯스면

二、形容詞의 活用에 近似한것

계시다　계시오　계신어른　계섯소

「계시다」가「잇다·업다」及動詞·形容詞와活用이相異한點은第十一

章을參照할지니라

此語의活用字는動詞의境遇와如히「여」가附하나니라

계섯소(계시엿소)　계셔도　계셔야하오

註　國語文法에서는「有」는動詞、「無」는形容詞로되엿스나、朝鮮語에서는二者가共

히性質及活用이全然同一하며그活用하는形이一部分은形容詞와如하고一部

分은動詞와如한故로、動詞나形容詞에屬치아니하고一種獨立한品詞로된것이

며、쏘「게시다」도普通形容詞와갓흐나此亦形容詞와는多少相異한點이有한故로

其語의性質及活用하는形狀에依하야存在詞에屬케되나니라

第十一章　動詞·形容詞·存在詞의區別

上述한動詞·形容詞·存在詞는그活用上에在하야共通點이多한故

로玆에는其相異한點을列擧하야相互의區別을分明히하고자하

노라

動詞	形容詞	存在詞
본다	차다	잇다
먹는다	적다	게시다

△動詞에는「ㄴ다」「는다」가附하고, 形容詞·存在詞에는「다」가附하나니라

動詞	形容詞	存在詞
보는사람	찬물	잇는돈
먹는사람	적은나무	게신어른

△動詞와存在詞「잇다」에는「는」이附하고, 形容詞에는「ㄴ」「은」이附하고, 存在詞「게시다」에는形容詞와如히「ㄴ」이附하나니라

動詞		存在詞
볼신문		잇슬방
먹을물		게실집

△動詞·存在詞에는「ㄹ」·「을」이 附하야 未來의 意를 表現하나

形容詞에는 無하니라. 但「더울때·적을적」等때·적·제 等語에

는「ㄹ」「을」이 附하나 此는 特例일뿐더러 未來의 意를 表現함

도 아니니라

본칙

먹은사람

△動詞에는「ㄴ」「은」이 附하야 現在完了(又는 過去)의 意를 表現

하나 形容詞·存在詞에는 共히「ㄴ」「은」이 附치 아니하나니라

보든칙　　　　차든방　　　　잇든사람

먹든밥　　　　적든나무　　　게시든어른

왓든사람　　　──────

죽엇든사람

△動詞에는 過去及過去完了를 表示하는 法이 잇스나 形容

詞及存在詞는다만過去를表示하면足하나니라

形容詞及存在詞에서도過去完了의形을作하기不能함

은아니나此는理論뿐이요實用上何等의價値가無하니

라

「든」은「던」으로도通用되나니라

보아라　──　잇거라

먹어라　──　게시오(게십시오)

△形容詞에는其語의性質上命令語가無하니라

보마　──　잇스마

먹으마　──

△右는單獨의未來를表示하는語인대形容詞와存在詞「게

시다」에는其語의性質上言기不能하니라

봅시다　──　잇습시다

먹읍시다　　　　　　　　계십시다

△右는 共同動作의 未來의 意를 表示하는 語인대 形容詞에
는 其語의 性質上 言기 不能하니라

보나니。　　차나라　　잇나니。
먹나니라　　적으니라　　계시니라

△右는 文語體의 終止形의 現在를 示한 것인대 動詞와 存在
詞의「잇다·업다」에는「나」가 必要하니라

要컨대以上은 三種品詞의 相異가 現著한 것의 一斑을 示하얏슴
에 不過하며 此以上 詳細한 것은 助用詞及助詞의 章에서 述코자
하노라

總練習

一、左의 文에 就하야 動詞·形容詞·存在詞를 區別하라

1 잇는사람이 업는사람을 구계하야야하오

2 죠선소는 른른하야서 던담을잘가오

3 치운쌔에는 더운쌔가 낫다고하고 더운쌔에는 치운쌔가 낫다고하

오

4 큰길에는 민일오고 가는사람이 만소

二. 左의 文에 就하야 誤謬를 訂正하라

1 나무가지에 적은새가 안퀴서 울오

2 어젹게당신집이 오는사람이 누구요

3 틱일 간 사람도 잇는다

4 우리동리에는 놀은사람이 하나도엽스오

第十二章　助用詞의 種類及用言과의 接續

一、終止助用詞

(一)現在

1 對下

動詞	形容詞	存在詞
보느냐…본다	차냐…차다	잇느냐…잇다
먹느냐…먹는다	적으냐…적다	계시냐…계시다
2 對等又는對下		
보나…보네	찬가…차에	잇나…잇네
먹나…먹네	적은가…적에	계신가…계시에
3 普通		
보오…보오	차오…차오	잇소…잇소
먹으오…먹으오	적으오…적으오	계시오…계시오
먹소…먹소	적소…적소	———
4 尊敬		
봅닛가…봅니다	참닛가…참니다	잇습닛가…잇습니다
먹습닛가…먹습니다	적습닛가…적습니다	계십닛가…계십니다

먹읍넛가…먹읍나다　　젹읍넛가…젹읍나다 ——

◎現在라함은現在進行中의境遇及時의關係가無한境遇를謂
함이니라

◎「느냐」는短縮되여「너」가되나니라(以下倣此)

◎「ㅂ닛가·ㅂ니다」의代에「죱요」를用하는事가有하니疑問의境
遇에는語尾의「요」音을上하나니라

보아요…보아요　　차요…차요

먹어요…먹어요　　젹어요…젹어요

二過去(現在完了)

1 對下

動詞　　　　形容詞　　　　存在詞

보앗느냐…보앗다　찻(차앗)느냐…찻(차앗)다　잇섯느냐…잇섯다

먹엇느냐…먹엇다　젹엇느냐…젹엇다　계시엿느냐…계시엿다
　　　　(겟)　　　　　　　(셧)

2　對等又는 對下

보앗나…보앗네　　찻(차앗)나…찻(차앗)네　　잇섯나…잇섯네

먹엇나…먹엇네　　적엇나…적엇네　　계셧나…계셧네

3　普通

보앗소…보앗소　　찻(차앗)소…찻(차앗)소　　잇섯소…잇섯소

먹엇소…먹엇소　　적엇소…적엇소　　계셧소…계셧소

4　尊敬

보앗습닛가　　찻(차앗)습닛가　　잇섯습닛가

…보앗습니다　　…찻(차앗)습니다　　…잇섯습니다

먹엇습닛가　　적엇습닛가　　계셧습닛가

…먹엇습니다　　…적엇습니다　　…계셧습니다

◎上에 來하는 用言의 種類에 依하야 過去도 되며 現在完了도 되나니라

◎ 過去가 되는 要點은「活ㅅ」이니라

◎ 過去完了가 되는 要點은「活ㅅ섯」이니라。

(三)單獨未來(推量·可能)

1　對下

動　詞　　　　形容詞　　　　存在詞

보겟느냐…보겟다　차겟느냐…차겟다　잇겟느냐…잇겟다

먹겟느냐…먹겟다　적겟느냐…적겟다　게시겟느냐…게시겟다

2　對等又는對下

보겟나…보겟네　차겟나…차겟네　잇겟나…잇겟네

먹겟나…먹겟네　적겟나…적겟네　게시겟나…게시겟네

3　普通

보겟소…보겟소　차겟소…차겟소　잇겟소…잇겟소

먹겟소…먹겟소　적겟소…적겟소　게시겟소…게시겟소

4 尊敬

보겟습닛가　　차겟습닛가　　잇겟습닛가
…보겟습니다　…차겟습니다　…잇겟습니다

먹겟습닛가　　적겟습닛가　　게시겟습닛가
…먹겟습니다　…적겟습니다　…게시겟습니다

◎　未來가 되는 要點은「겟」이니라

◎「겟」이 入하야 單獨未來·推量又는 可能이 되는 例를 左에 示하노라

나도　가겟소(未來)

릴일은　비가오겟소(推量)

그사람은　벌서　왓겟소(推量)

서울서　인쳔까지　세시간에　가겟소?(可能)

당신은　영어로　편지를　쓰겟소?(可能)

올여름은　더웁겟소（推量）

오원으로는　좀　적겟소（推量）

지금가면　그사람이　잇겟소（推量）

릭일와도　이런것이　또잇겟소？（推量）

이만한치위에는　외투가업서도　지내껫소（可能）

나는　오날밤에　집에　잇겟소（未來）

로형은　잇다가　댁에　계시겟소？（未來）

이꽈즈를　한입에　먹겟소？（可能）

◎「겟소」는第三人稱（動詞·存在詞）의境遇에는推量이되나니라（形容詞下의「겟소」는總히推量이됨）

◎玆에는다만普通階級의「겟소」를例示하얏스나、尊敬·對等·對下의境遇도同樣임은勿論이니라

◎左의例에依하야同語根인動詞·形容詞의推量의境遇를會得

하라

이신은 당신발에 좀크겟소 (形)

(四)共同未來

이나무는 저리심으면 속히크겟소 (動)

1 對下

動詞	形容詞	存在詞
보자	——	잇자
먹자	——	

2 對等又는 對下

動詞	形容詞	存在詞
보세	——	잇세
먹세	——	

3 普通

動詞	形容詞	存在詞
봅시다	——	잇습시다

먹읍○시다

（슙）

4 尊敬

보십시다

잡수십시다　　　　　　　계십시다

◎ 共同未來라함은相對者와共히動作할事를求하는語인대形容詞는其語의性質上言기不能하니라

◎ 「ㅂ시다」를命令으로使用하는事도有하나此는方言이요京城에서는通用치아니하나니라

（五）求諸未來

1 對下

動詞	形容詞	存在詞
보랴		잇스○랴
먹으○랴		

2　對等 又는 對下

볼가(보사가)　――　잇슬가(잇스사가)

먹을가(먹으사가)　――

3　普通

보릿가　――

먹으릿가　――　잇스릿가

4　尊敬

보오릿가　――

먹으오릿가　――　잇스오릿가

◎ 求諾未來라함은 自己의 動作에 對하야 相對者의 承諾을 求하는 問詞이니 其返答은 命令 又는 禁止가 되나니라

◎「ㄹ가·릿가·오릿가」는 第三人稱의 境遇에는 推量의「겟나·겟소·겟습닛가」와 大略 同意味가 되나니라

◎ 右「ㄹ 가·릿 가·오 릿 가」가 形容詞와 存在詞「계 시 다」에 附 하면 推量

이 되나니라

◎ 右「오 릿 가」의 代에「活」요」도 用 하나니라

보 아 요?　　먹 어 요?

(六)約 定 未 來

1 對 下

動 詞	形 容 詞	存 在 詞
보 마	────	잇 스 마
먹 으 마	────	

2 對 等 又 는 對 下

| 봄 세 | ──── | 잇 슴 세 |
| 먹 음 세 | ──── | |

3 普 通

보리다　　　　　　　　　잇스리다

먹으리다

4　尊敬

보오리다

먹으오리다　　　　　　잇스오리다

◎約定未來는單獨未來「껬소」等에比하야意味가强한것인대自
己가行할動作을相對者에게對하야굿게約束하는語이니라

◎「리다·오리다」는第三人稱의境遇에는推量의「껬소·껬습니다」와
同意味가되나니라

◎右「리다·오리다」가形容詞와存在詞「계시다」에附하면推量이되
나니라

〔七〕推量

1　對下

勤詞	形容詞	存在詞
2 對等(1의 對下와 同함)		
보겟지	차겟지	잇겟지
먹겟지	적겟지	계시겟지
3 普通		
보겟지요	차겟지요	잇겟지요
먹겟지요	적겟지요	계시겟지요
4 尊敬		
보겟습지요	차겟습지요	잇겟습지요
먹겟습지요	적겟습지요	계시겟습지요

◎ 上述한「겟소」等은 境遇를 隨하야 推量이되나「겟지요」等은 本來부터 推量이요 對下와 對等은 亦是「겟지」가 되나니라

◎ 右는 共히 語尾의 上下에 依하야 問과 答이 되나니라

◎右는 亦是「겟」이 入하야 推量이 되는 것이요,「지·치요·습지 요」等은 現在와 過去에도 使用되나니라

보지요　먹지요　보앗지요　먹엇지요

（八）命令

1 對下

動詞	形容詞	存在詞
보아라	—	잇것라(잇서라)
먹어라		

2 對等又는對下

보게	—	잇게
먹게		

3 普通

보오(보시오)	—	잇스오

먹으오〔자시오·잡수오〕——　　　계시오

4 尊敬

봅시오〔보십시오〕

잡숩시오〔잡수십시오〕——　　　계십시오

◎ 形容詞는 其語의 性質上命令語가 無하니라

◎ 對下는〔活〕라가 原則이나 例外로 左와 如한것이 有하니라

먹거라　　　　오너·나라　　　잇거라
가거라

◎「먹는다」는 尊敬의 境遇에는 其語의 性質上「잡수십시오」가 되나

一般의 動詞이면 語根에「ㅂ시오(執)·십시오」를 附하나니라

갑시오　　　가십시오　　　잡읍시오　　　잡으십시오

◎ 右는 便宜上四階級으로 分하얏스나 細別하면 左와 如한六階

級에 區分되나니라

보아라　　보게　　보오　　보시오　　봅시오　　보십시오

◎　右六階級外에 반말(半語)이라 云하야 動詞의 語根에 活用字를 附하야 命令語에 用하는 事가 有하니 階級으로 論하면 對等의 「게」와 普通의 「오」의 中間에 位하나니라

이리와• 저리가• 어서먹어• 이것보아•

(九) 第三人稱

1 對下

動詞	形容詞	存在詞
보더냐…보더라	차더냐…차더라	잇더냐…잇더라
먹더냐…먹더라	적더냐…적더라	계시더냐…계시더라

2 對等又는對下

動詞	形容詞	存在詞
보던가…보데	차던가…차데	잇던가…잇데
먹던가…먹데	적던가…적데	계시던가…계시데

3 普通

動詞	形容詞	存在詞
먹던가…먹데	적던가…적데	계시던가…계시데
보던가…보데	차던가…차데	잇던가…잇데

봅딋가…봅되다

먹읍(습)딋가
…먹읍(습)되다

참딋가…참되다

적읍(습)딋가
…적읍(습)되다

잇습딋가…잇습되다

계십딋가
…계십되다

4 尊敬

보셔요…보셔요　　차요…차요　　잇서요…잇서요

잡수셔요…잡수셔요　적어요…적어요　계셔요…계셔요

◎ 第三人稱이란것은 某事物의 動作·貌樣 等을 相對者에게 問하
며 又는 相對者에게 答하는 事를 意味함이니라

◎「더냐·던가」의「더」는「드」도 用하나니라

◎ 右는 現在의 形을 例示하얏스나 此를 未來·過去에도 用하나니
라

보앗더냐…보앗더라　　먹겟던가…먹겟데

적엇습딋가 …적엇습되다　먹겟던가…먹겟데　찻서요…찻서요

잇섯던가…잇섯네　　계셧서요…계셧서요

◎「셔요」는 間或 命令「십시오」에도 代用하나니라

오셔요　　가셔요　　잡수셔요

이리오셔요　어서가셔요　만히잡수셔요

以上에 述한 終止助用詞를 簡單히 表示하면 左와 如하니라

階級＼種類	現在	過去	未來 單獨(推量·可能)	未來 共同求諾約定	推量命令 第三人稱
對下	(問)느냐〔活ㅅ느냐〕 (答)ㄴ다(는다)〔活ㅅ다〕	겟느냐〔活〕 겟다〔活〕	자	라 마 세	겟지 더라〔活라〕
對等	(問)나〔活ㅅ나〕 (答)네〔活ㅅ비〕	겟나 겟네〔活ㅅ비〕	ㄴ가	ㅁ세	겟지 게 던가
又는對下	(問)느냐〔活ㅅ느냐〕	겟소	ㄹ가	세	겟지 겟지요 게 더냐 더라
普通	(問)오(소)〔活ㅅ소〕 (答)오(소)〔活ㅅ소〕	겟소	ㅂ시다(습시다) 릿가 리다		겟지 겟지요 ㅂ시오〔活오요〕 데 ㅂ딋가(ㅂ듸가)(습딋가) ㅂ듸다(ㅂ듸다)(습듸다)
尊敬	(問)ㅂ닛가〔活ㅅ닛가〕〔活ㅅ습닛가〕 (答)ㅂ니다〔活ㅅ니다〕〔活ㅅ습니다〕	겟습닛가 겟습니다	십시다 오릿가 오리다		겟습지 겟습지요 십시오〔活요〕

◎ 同一語가 問과 答으로 된 것은 問은 語尾를 上하고, 答은 語尾를

下하나니라。但 不定稱의 代名詞 下에서는 問이라도 語尾를 上

치아니하나니라

◎ 複音動詞나 複音形容詞 下에서 現在의 普通・尊敬「求諾」「約定」

「命令의 普通・尊敬」、「第三人稱의 普通」의 境遇에는 語根과 助用

詞의 間에「으」가 入하는 것은 前述한 例에 依하야 會得할지니라

◎「ㅂ닛가·ㅂ니다·ㅂ시다」等의「ㅂ」은「옵」의 略이니라

◎「ㅂ」이 附할 上의 語가 複音인 境遇에는 其間에「으」又는「스」를 入

하야 連結케하나니라

먹읍듸가‖먹습듸가

먹읍니다‖먹습니다

먹읍시다‖먹습시다

◎ 右「ㅂ」이 附할 上의 語가 複音인 境遇에는 其間에「으」又는「스」를 入

먹읍시다‖먹습시다

◎ 右「ㅂ」이 附할 上의 語가 未來의「겟」過去의「活」스、過去完了의「活」

스섯의 境遇에는 其間에「스」가 必要하니라

보겟습닛가　먹겟습니다　보앗습닛가

◎ 먹겟습닛가　보앗습듸다　먹엇섯습닛가　보앗섯습니다

◎ 右表에 尊敬이라 함은 其動作에 對한 尊敬이아니요 相對者에
게 對한 謙稱이니라

◎ 對下라 함은 父母가 子女에게, 大將이 部下에게, 大人이 小兒에
게 用하는 等의 語를 意味함이니라

◎ 對等은 爲主하야 親友間에 用하는 語이니 此를 對下로 用하면
前記 對下보다는 多少 敬語가 되나 普通보다는 疎忽하니라

◎ 現在·過去·未來를 不問하고 普通의「소」를 尊敬으로 作함에는 總
히 問은「습닛가」, 答은「습니다」가 되나니라

◎「습닛가·습니다」의 原形은「스읍ㄴ잇가·스읍ㄴ이다」이니, 書簡文
等에는「옵나잇가·옵나이다」를 今日에도 使用하나니라

◎ 命令의 尊敬「십시오」는 書簡文 等에는「시옵소서」, 略하야「시옵」을

用하나니라

二, 時의 助用詞

1 連體形

時＼詞	動詞	形容詞	存在詞
現在	먹는 것 / 보는 사람	쬔은 집물 / 찬	잇는 돈 / 계신어른
未來	먹을 밥문 / 볼신 것		잇슬 사람 / 계실집
完現了在	먹은 것 / 본은		
過去	먹은것(먹든것) / 본척(보든척)	차든 / 든나무물	잇든사람 / 게시든어른
完過了去	먹엇든사밥람 / 왓든		

◎ 連體形이라함은 名詞·代名詞等 體言에 連하는 것을 意味함이니라

◎ 現在는 左例와 如히 現在進行中의 境遇와 時의 關係가 無한 境遇에도 兼用하나니라

지금보는 칙은 무슨 칙이요 (現在進行中)

저긔서밥을먹는사람은 누구요 (現在進行中)

학교에서보는신문은 대판미일신문이요 (時에無關係)

이물은먹는물이요 (時에無關係)

◎ 「때·제·적」等의 時를 表하는 語의 上에는 現在의 境遇에도 흔히 未來形「ㄹ」을 用하나니라

볼때　먹을때　어릴제　적을제　잇슬적　계실적

◎ 過去의 境遇에도 未來의「ㄹ」을 用하나니라

보앗슬때　적엇슬제　잇섯슬적

◎ 過去의「보든·먹든」은 흔히 進行途中을 表示함에 用하나니라

2 終止形

時＼詞	動詞　形容詞　存在詞		
現在	｜		
未來	먹겟 보겟	젹차 겟겟	겟시 겟겟
現在完了	먹엇 보엇	｜	엇ㅅ
過去	먹엇앗 보엇앗	젹차 (안)ㅅ엇앗	계(계시엿) 엇ㅅ
過去完了	먹엇앗 보엇앗	젹차 엇셧엇셧	계셧(계시연) 셧셧

㉡ 終止形이라함은「보겟다」「보앗소」「먹엇습니다」와 如히 爲主하
야 終止助用詞에 連하는 境遇에 必要하니, 即「겟」「[活]ㅅ」等을 意
味함이니라

◎ 此項은 前述한 終止助用詞와 重複되는 嫌이 不無하나 時를 分
明케하기 爲하야 特記한 것이니라

◎ 要컨대右는 未來는「겟」過去는「活」人過去完了는「活」人섯」인대

現在는 別로 終止形을 要치아니하고 語根에 곳現在의 終止助

用詞가 附하나니라

◎ 以上의 例에 依하면 現在進行中과 時의 關係가 無한 現在와 同

形이요 現在完了와 過去와 同形이되나니 左例의 動詞에 就하

야 其動作의 性質을 熟考할지니라

뜰에 꽃치 피엿소

나무가지에새가 안젓소　　저긔서 노래를 불으오

여긔칙이 떨어젓소　　　　지금비가 만히오오

굴둑에서 연긔가 나오

三, 否定助用詞

（一）不爲詞

보지아니한다　　　먹지아니하오

차지아니하오　　　적지아니하다

잇지아니하오　　　계시지아니하얏소

◎「지아니하」의「지」는 語根과 不爲詞의「아니」를 連하는 語요「하」는 一般의 動詞와 如히 活用하나니라

(二)不能詞

　보지못하오　　　먹지못하얏소

　(차지못하다)　　(크지못하오)

　잇지못하겟소　　계시지못하오

◎「아니」는 하지아니한다는 意요「못」은할 수 업다는 意니 活用은 不爲詞와 同一하며 形容詞下의「못」은 不爲詞의「아니」와 意味가 同一하니라

(三)禁止詞

　보지말어라　　　먹지마시오　　　계시지마시오

　잇지마시오　　　게시지마십시오

◎「만다」는 單獨으로는 動詞인 故로 其語根의「마」에 命令의 助用詞를 附하야 禁止詞로 用하는 것이니, 形容詞는 其語의 性質上 言기 不能하니라

右에 述한「아니」와「못」은 副詞와 如히 動詞의 上에 附하야도 無妨하나, 形容詞에는 下에만 附함이 通例이니라

쏘「아니」는 縮少되여「안」도 되나니라

아니보오　못먹으오　아니잇소　아니계시오

안보오　안먹으오　안잇소　안계시오

보지안소　먹지안소　잇지안소　계시지안소

◎文의 末尾가 命令語이면 不爲詞의 代에 禁止詞를 用하나니라

놀지말고공부하시오。

그리가지말고저리가시오。

그사람은가지아니하고내가가오

저칙은아니보고이칙을보앗소

四, 各種의 助用詞

(一)連動形 (此는別로特殊의語를不要하고다만動詞와動詞의間에活用字를入하나니라)

보아두겟소

보아보앗소

먹어보앗소

(二)連形形 (此는形容詞에連하는形이니「기」가入하나니라)

보기죳소

먹기쉬웁소

배우기어려웁소

(三)名詞形 (此는動詞及形容詞를名詞의形으로作하는것이니語根에「기」又는「ㅁ」을附하나니라「ㅁ」을附한것은혼히文語文에用하나니라)

보기도하오

먹기는죳소

차기는차오

적기도하다

報告함이可함

繁華함이第一이라

(四)尊敬詞 (此에는二種이有하니一은動作을行하는人에게敬

意를 表하는「시」요, 一은 動作은 不拘하고 相對者에게 對하야 謙

遜의 意를 表하는「오·옵」이니라)

(五)義務詞 （此는「活」야한다」니,「한다」는 動詞와 如히 活用하나니라）

보신다　　　웃으셧(시엿)다　아시는 사람

하오며　　　하오니　하옵고　하옵거든

하온즉　　　하올터이오니　하올지　하올는지

보아야하오　먹어야하겠소　차(아)야한다　적어야하오

잇서야할사람　업서야할것　계셔야하오　잇서야할는지

(六)推量詞 （「듯하다·나보다·가보다」等이니「하다」는 形容詞와 如

히 活用하고「보다」는 動詞와 如히 活用하며,且「듯하다」의 上에는

連體形이 來하나니라）

1
듯하다

未來　　現在　　過去　　過去完了

볼듯하다	보는듯하다	본듯하다	보앗슬듯하다
먹을듯하오	먹는듯하오	먹은듯하오	먹엇슬듯하오
찰듯하오	찬듯하오	(찻든듯하오)	차(아)ㅅ슬듯하오
저울듯하오	적은듯하오	(적든듯하오)	적엇슬듯하오
잇슬듯하오	잇는듯하오	(잇슨든듯하오)	잇섯슬듯하오

2 나보다

보겟나보다	보나보다	보앗나보다	보앗섯나보다
먹겟나보오	먹나보오	먹엇나보오	먹엇섯나보오
잇겟나보오	잇나보오	잇섯나보오	(잇섯섯나보오)
계시겟나보오	—	계셧나보오	(계셧섯나보오)

3 가보다

보겟는가보오	보는가보오	보앗는가보오	(보앗섯는가보오)
먹겟는가보오	먹는가보오	먹엇는가보오	(먹엇섯는가보오)

잇겟는가보오　잇는가보오　잇섯는가보오　(잇섯섯는가보오)

계시겟는가보오　계신가보오　계섯는가보오　(계섯섯는가보오)

찰가보오　찬가보오　찾(차앗)는가보오　(찾섯는가보오)

적을가보오　적은가보오　적엇는가보오　(적엇섯는가보오)

◎　體言下의 推量助用詞는 「인가보다」니라

저학교인가보오　그사람인가보다니라

(七)希望詞　「고십原形은싶」다니,「십다」는 形容詞와 如히 活用하나
니라)

보고십다　먹고시프(십흐)오　잇고십다　계시고십소？

(八)將欲詞　「라(고)한다」니,「한다」는 動詞와 如히 活用하나니라)

보랴(고)하오　먹으랴(고)한다　잇스랴(고)하얏소　계시랴(고)하
오

(九)可能詞　「수 잇다·수 업다」等이며、또「줄안다·줄몰은다」도 境遇
를 隨하야 可能詞로도 用하고 推量詞로도 用하나니,此 等語의

上에는 動詞의 連體形이 附하며「잇다·업다」는 存在詞 로、「안 다·볼

은 다」는 動詞로 活用되나니라)

볼 수 잇다　　먹 을 수 업소　　잇 슬 수 잇다　　계실 수 업소

보 는 수 잇다　먹 는 수 잇다　　잇 는 수 잇다

볼 줄 안다　　먹 을 줄 몰으오　잇 슬 줄 안다　　계실 줄 몰으오

보 는 줄 아오　본 줄 아오　　　먹 는 줄 아오　　보앗 슬 줄 아오

먹 엇 슬 줄 아오　찬 줄 아오　　찻 슬 줄 아오　　적 엇 슬 줄 아오

계신 줄을 알엇소　　　　　　　계셧 슬 줄 알엇소

(一〇)幾成未成詞　(此 는 幾成未成의 意에 用하 는「번 한 다」「한 다」는

흔히「한·하 든·하 얏 다」等 過去의 形이 되나니라)

썰어질번하얏소

될번하 든 일이 를 녓 소

五、體言 下에 附하 는 助用詞

種類 ＼ 時	對下	又는對下等	普通	尊敬	連體
現在	(答) 다 (問) 냐	(答) ㄹ세 (問) ㄴ가	(答) 요 (問) 요	(答) 올시다 입니다 (問) 오닛가 입닛가	되ㄴ(인) 되는
過去	엿다 엿(느)냐	엿네 엿나	엿소 엿소	엿습니다 엿습닛가	되ㄴ 이ㄴ 엿든 든 던 뎐
未來	겟다 겟(느)냐	겟네 겟나	겟소 겟소	겟습니다 겟습닛가	될 일

◎複音字의 下에서는 連體形을 除한 外에는 總히「이」를 加하나니라

학교냐　학교다　사람인가　사람일세

누구요　나요　무엇이오닛가　칰이올시다

◎過去及未來는右例에準할지니라

◎不爲詞의「아니」에도右助用詞를附하나니, 此境遇에는「아니」의
上에助詞「이·가」가入하나니라
아니냐　아니요

그사람이아닌가　개가아니올시다

◎此助用詞에도上의體言이尊敬할사람인時에는尊敬詞「시」를
加하나니라
그어른이누구신가
션성님이시오닛가(이십닛가)
저어른이　춘부쟝이시요？

◎此助用詞의未來는大槪推量의意가되나니라

六、文語文에用하는終止助用詞
(一)用言下에附하는것

時＼種類	普通	感歎	自稱（二人稱）他稱	對稱尊敬	傳稱	命令
現在	나니라 （니라）	는도다 （도다）	노라더라	옵나잇가 ㄴ（는）다더라	옵나이다 （다더라）	옵소 쇼（敬） 시옵소 쇼（敬） ㄹ지어 ㄹ지어라 （敬）다라
過去	［活］ㅅ나니라 （니라）	［活］ㅅ도다	［活］ㅅ노라 ［活］ㅅ더라	［活］ㅅ옵나잇가 ［活］ㅅ옵나이다 ［活］ㅅ사옵나잇가 ［活］ㅅ사옵나이다	［活］ㅅ다더라	
未來	ㄹ리러이라 ㄹ지라라 ㄹ리니라 ㄹ라	겟리도다 ㄹ리지로다 ㄹ리로다 ㄹ다다	리겟노라 겟노라 겟더라	겟사옵나잇가 겟옵나잇가 겟옵나이다 겟사옵나이다	겟다더라	

◎ 右表中普通現在의「나니라」는形容詞에附하나니「차나니라」를「차나니라」라고去하는事는無하니라。 또普通過去의「活ㅅ나니라」는動詞나形容詞에共히附하나니「나니라」가動詞에附한즉現在完了即過去가되며、또感歎의「도다」와傳稱의「다더라」는形容詞에附하나니라

◎ 複音字의下에「으」가必要한境遇는「ㄹ지라」等의「ㄹ」의上과「리라」等의「리」의上과「옵나잇가·옵나이다」의「옵」의上과命令詞의上이

니라

◎右助用詞의境遇에도動作에對한敬語를用함에는口語의境
遇와如히動詞의語根에「시」를附하나니라

(二)體言下에附하는것

時 ＼ 種類	普通	感嘆	他(三人稱)	對稱尊敬	傳稱
現在	(問)이뇨(이냐) (答)이다(ㄴ)라	이로다	이더라	이옵나잇가 이옵나이다	이라더라
過去	(問)이엿나뇨(냐) (答)이엿다 이엿나니라	이엿도다	이엿더라	이엿사옵나잇가 이엿사옵나이다	이엿다더라
未來	(問)이겟나뇨 (答)이겟다 일지니라	이겟도다	이겟더라	이겟사옵나잇가 아겟사옵나이다	이겟다더라 이리라더라라

◎此助用詞에도敬語「시」를入하야用하나니라
先生님이시니라　陛下이옵시니라

◎朝鮮語의文語文에는漢字는總히音讀인故로動詞·形容詞·名
詞等에就하야其一例를會得하면一般에應用되나니即動詞·

形容詞等의 漢字 下에는「하」가 附한 後에 用言 下에 附하는 助用

詞가 附하나니라

左에 數例를 示하노라

본다　보나니라　見하나니라　見하얏나니라

먹는다　먹나니라　食하나니라　食하얏나니라

차다　차니라　冷하니라。　冷하얏나니라

잇다　잇나니라　有하니라。　有하얏나니라

食하는도다　食하겟노라　食하더라　食하겟사옵나잇가

少하도다　─　少하더라　少하겟사옵나이다

繁華하니라　繁華하도다　繁華하다더라　繁華하리라

勉勵하나니라　勉勵하는도다　勉勵한다더라　勉勵하리라

學校이니라　學校이엿나니라　學校이더라　學校이라더라

◎ 未來가 境遇에 依하야 單獨 未來·推量·可能으로 됨은 前述한 口

語文의 終止助用詞의 境遇와 同하니라

◎ 用言下에 附하는 助用詞는 動詞·形容詞·存在詞에 共用되나 其品詞의 性質上 附치 못하는 것도 有하며(命令語及自稱語는 形容詞에는 附치 못함이 其一例니라)또 同一한 助用詞에도 上에 來하는 品詞의 種類에 依하야 其「時」를 相異케 하는 것도 有하니 左記한 것이 其一例니라

… 를(을)食하나니라　　… 를(을)食하니라

… 이(가)有하니라　　… 이(가)冷하니라

… 를(을)有하나니라　　… 를(을)有하니라

習할지니라

【注意】 助用詞의 種類及其用法에 對한 練習題를 省略하노니, 本文에 依하야 反覆練習할지니라

第十三章　助詞의 種類及用法

助詞에는 體言(名詞·代名詞·數詞)에 만 附하는 것과,用言(動詞·形容詞·存在詞)에 만 附하는 것과,體言及用言의 兩方에 共히 附하는 것이 有

하니玆에는 體言에 附하는 것과 用言에 附하는 것의 二項에 分하야

略說코자 하며, 兩方에 共히 附하는 것은 別로 項을 設치 아니하고 兩

方에 共히 記載하얏스니 此에 對하야 比較研究할지나라

又右助詞中에는 必要에 應하야 其他의 品詞(助詞·助用詞·副詞)에 附

하는 것도 有하니라

一, 體言下에 附하는 것

가·이·께서… 학교가。 사람이。 션싱님께서。

◎「가」는 單音語,「이」는 複音語에 附하나니라 例外로 或「하나이」라 云

하는 事도 有하니라

「이」는 或「갑시」「꼿치」라 고 云 하는 事도 有하니라

「께서」의 最敬語로「께옵서」가 有하니,「陛下께옵서」「殿下께옵서」

等이 其例니라

눈·운·께서는… 비는。 바람은。 아버님께서는。

◎「는」은 單音語、「은」은 複音語에 附하나니라. 「순·춘」으로 되는 境遇

는 前例의 「시·치」와 如하나라

「쌔서」의 下에 他助詞가 來하면「쌔서」는 單히 敬語의 用을 作할뿐

이니라

此助詞의 代에 「인즉」을 用하는 事가 有하니、「사람인즉 확실하

오」等이 其例니라

를·을 …　나를。　로형을。

◎「를」은 單音語、「을」은 複音語에 附하나니라. 「슬·츨」이 됨은 前例와 同

하나라

의 …　그사람의 것　영국사람　닭의 알

◎口語의 境遇에 「의」는 大槪 省略하나니라

에 …　바다에。　산에。

◎場所의 代名詞 下에 는 「에」를 省略하나니、「어듸가오」「여긔잇소」

가其例니라。「얼마에·삿소」「십원에·삿소」等의「에」도有하나라

◎人과動物에關한名詞下에附하며、人代名詞의「내·네·제」에는「게」

만附하나니라。「쎄」는「에게」의敬語니라

에게·쎄…　슌사에게。　개에게。　로인쎄。　내게。　네게。

한테　(에게)와同함

더러…　슌사더러。　그사람더러。　나더러。　너더러。

◎「에게(한테)對하야」의「에게」와同意義니라

로·으로…　학교로。　경셩으로。　셔울로。　어듸로。

◎「로」는單音語、「으로」는複音語에附하야方位를指할時에用하나

니라。但複音語라도終聲「ㄹ」의下에는「로」가附하나니라

로·으로…　나무로。　붓으로。　연필로。　배로。

◎「로」「으로」의區別은前項과如하니라

「熱心으로」「代身으로」와如히副詞의境遇에도使用되나니라

서·에서…　인쳔서。　여긔서。　서울서。　의쥬서。　운동쟝에·서。

논에서。　학교에서。　물에서。

◎「서」와「에서」의 區別은 單音複音을 '不拘하고 地名等의 固有名詞 及 場所等의 代名詞에는「서」를 附함이 通例니라。然이나 地名等 에도 絶對로「에서」를 用치 못함은 아니며。또 地名以外의 普通名 詞라도 單音下에는「서」를 用하야도 無妨하니라

서·에서·부터(로부터·으로부터)

학교에서。　서울서。　논에서。

세시부터。　릭일부터。　의쥬서。

로형부터。　하나부터。　정월부터。　저것부터。

누구부터。

◎「서」「에서」의 區別은 前項과 如하나,「서·에서」는 地名·場所等에 用 하고 其他 는「부터」를 用하며 文語의 境遇에는 場所나 地名에도 「부터」又 는「로부터·으로부터」를 用하는 事가 多하니라

또場所와地名에도그順序를指稱할時는「부터」를用하나니「어

듸부터하릿가」「방부터발으시오」等이니라

씨지…　어듸씨지。　세시씨지。　서울씨지。

그사람씨지。　모레씨지。

◎動詞等에는그動詞에「기」를附하야名詞形을作한後에此를附

하나니「보기씨지」「먹기씨지」「잇기씨지」等이其例니라

와과하고…　소와말　말과소　소하고말　말하고소

학교와가뎡　가뎡과학교

◎「와」는單音語,「과」는複音語에附하며,「하고」는單音・複音何者에든

지附하나니라。　但「하고」는口語에만用하고,文語에는總히「와・

과」를用하나니라

보다(보담・보담도)…　이것보다。　나보다。　가는것보다。

나보담。　가는것보담。

라(고)…

조흔것보담도。　말보다도。

◎此는무엇을指定하는데用하는語니、複音語에는「이」를加하나

나무라(고)하오　　물이。라(고)한다

니라

도…

니라

나도。　저사람도。　하나도。　저리도。　산에도。

물에도。　내게도。　그사람에게도。

◎場所의代名詞下에는「에」를省略하나니라

아모라도관게치안소　　당신이라도오시오

차라도。잡수시오　　물이라도주시오

라도…

◎複音下에는「이」를加하나니라

아모나오시오　　그사람이나불으시오

과즈나잡수시오　　물이나먹게

나…

◎右는「라도」와類似하나語意가稍輕하며、複音下에는「이」를加하

나…

나니라

얼마나。되오　세시간이나。되엿소

멧개나。남엇소　멧살이나。되여보이오

◎右는「가량」의意를表하나니라

든지(던지)…

무엇이든지。좃소　누구(아모)든지。오시오

오원이든지십원이。든지　나든지너든지。

차든지물이。든지　산이。든지바다。든지

◎複音下에는「이」를加하나니라。右는「라도」・「나」와近似하나다만

相異한點은二個以上을列擧하는境遇에用함이니라

면…

멧철후면。　그사람이면。　저싱도면。

거든(던)…

그사람이거든。오라고하시오　저거든。주시오

◎複音下에는「이」를加하나니라

◎「면」과「거든」은共히將然의意를表하는語나「거든」은假定의意의

强한것이니라

인지 … 그사람인지알수업소　이것인지。그것인지。

인가 … 그사람인가저사람인가。　이것인가저것인가。

◎「인가」는흔히二個以上을列擧할時에用하나니라

이라야 … 십원이。라야쓰겟소　로형이라야되겟소

인들 … 그사람인들몰으겟소　어듸인들못가겟소

◎「인들」의代에「이기로」도用하나니라

니닛가 … 썩이니(이닛가)먹지요　조흔차니(닛가)먹어보지오

◎複音下에는「이」를加하나니라　조흔것이니(이닛가)하나잡수시오

間或「이기로」를同意義로用하나니라

「인즉」이라는同意義의語가有하나흔히文語에用하나니라

인대 … 조흔것인대。아니먹으오　주인인대。몰은다고하오

쑨……

하나쑨이요　　이원쑨이요

만……

하나만주시오　　오원만잇섯스면조켓소

나만잇소　　그사람만업섯소

◎「쑨」「만」은意味는同一하나「쑨」은語句를終結할時에用하고「만」은

下에用言이來할時에用하나니「하나만이요」「하나쑨주시오라」

고言기不能하니라

또「쑨」의上에는用言의連體形이連하나「볼쑨이요」「잇슬쑨이

요」「만」의上에는用言이連치아니하나니라

然이나此用言을名詞形으로作하면「만」에連할수잇나니「먹기

만하오」잇기만하면」等이其例니라

만……

얼마만이요　　일쥬일만에되엿소

◎右는「동안」을表示하는것이니라　　오래간만이요

밧게……

이것밧게업소　　일원밧게업소

한사람밧게못가겟소

나　밧게。안보앗소。

◎「밧게」의 下에는 반듯이「업소」아니「못」等이 附하나니라

쯤 … 얼마쯤。　두시간쯤。　세시쯤。　리일쯤。

어치 … 얼마어치。　오젼어치。　십젼어치。

짜리 … 얼마짜리。　십젼짜리。　오원짜리。

◎「어치」와「짜리」는 共히 物品의 代價를 云함이나,「어치」는 金額에 相當한 物品을 指稱함이요,「짜리」는 某單位의 定價의 物件을 指稱함이니라

만치·만큼 … 그만치(만큼)말하야도 몰으오。　이만큼(만치)먹엇소。

처럼 … 이것처럼하시오。　나처럼쓰시오。

대로 … 그대로두시오。　성각대로하시오。　마음대로안되오。　이대로쓰시오。

식 … 하나식。　이원식。　일혜식。

마다…

날마다。 사람마다。 학생마다。

들…

우리들。 무엇들。 학생들。

일수록…

더운때일。수록。

약한사람일。수록。 음식에주의하야야하오

더운물을먹어야하오

註 上述한「뿐·만·껏·쯤·어치·쌔·리·만치·처럼·대·또·식·마다」等은 接尾語로 看做할
것이나, 其用法이 助詞에 類似한 故로 便宜上 助詞의 部에 入하니라

二, 用言下에 附하는 것

〔活〕서…

보아서가겟소 어두어서안보이오 비가와서못왔소

더워서견딜수업소 일이잇서서못가오

◎此는 中止의 意로 上語와 下語가 相連할 時에 用하나니, 卽上語
는 原因이 되고, 下語는 結果가 되나니라
「서」를 省略하고 活用字만으로 中止에 用하는 事가 有하니, 「더워
서」를 「더워」라 하는 等이니라

고……

　잘배우고。잘 논다　눈은 희고。먹은 검다

압록강은 넙고 깁다　여름은 더웁고 겨을은 치웁다

차도 먹고 꽈즈도 먹으오

◎이것도 中止의 意인대 上語와 下語가 各々 中斷될 境遇에 用하

며 又는 動作 等이 重疊되는 境遇(且文의 意)에 도 用하나니라

또 動詞의 下에서는「우산을 밧고가시오」「개를 다리고 왓소」눈

을 감고。잇소」等과 如한 意에 도 用하나니라

「고서」를 用하는 時도 有하니 即「먹고 가시오」를「먹고서 가시오」라

云함이 其例니라

다가……

　　더노다。가 가시오　기다리다。가 나 왓소　일하다。가 가쉬오

　　가다 가 왓소　오다。가 맛낫소　먹다 가 나 왓소

◎「다가」의「가」를 省略하야「다」라 云하야도 無妨하나라

此는 某事를 進行하든 途中을 示하는 語니라

더니(드니)… 가더니아니오오 잇더니업소 더웁더니비가오오

는대… (形容詞下에서는單音에는ㄴ대「複音에는은대」가附함)

가보왓더니업습듸다 링슈를먹엇더니배가압흐오

소리는나는대뵈지안소 만히잇는대조곰도안주오
비가오는대엇더케오셧소 길은먼대해가점을엇쇼
기는적은대힘은세오 앗가왓는대어듸갓소

(지)도… 오(지)도가(지)도못하오 먹(지)도아니하야소

적(지)도안소 밋(지)도아니하오

(活)도… 보아도알수업소 적어도매웁소
잇서도업는데하오 보앗서도물으겟소
아니갓서도조핫소
보러가오 먹으러왓소 계시러갓소

러… 구경하러갓소

면…
　보면。먹으면。차면。적으면。잇스면。계시면。
　보겟스면。먹엇스면。잇섯스면。보앗드면。먹엇드면。

즉…
　본즉。먹은즉。찬즉。적은즉。업슨즉。

거든…
　보거든。먹거든。차거든。잇거든。보겟거든。먹엇거든。

◎「면」과「거든」은共히將然의意를有하얏스나「즉」은其意가稍强한者ㅣ라

(면)과(즉)도一部分은近似하나「즉」은旣然의意가强한者ㅣ니左에比較하야例示하노라

잇스면조켓소　　×잇거든조켓소(不可)

잇스면오라고하시오　‖잇거든오라고하시오

보면안되오　　×보거든안되오(不可)

적으면업서지오　　×적거든업서지오(不可)

익으면먹는것이요　×익거든먹는것이요(不可)

안익으면못먹으오　‖익거든잡수시오

더우면맛이변하오　‖더운즉맛이변하오

가본즉업습듸다　　×가보면업습듸다(不可)

무거운즉떨어지오　‖무거우면떨어지오

◎「즉」은連體形(動詞·存在詞는過去,形容詞는現在)에連하나니라

니ㅅ가…

어두니등을들고가시오　바람이부니조심하시오

적으니더주시오　　업스니그만두시오

업섯스니　　　어두엇스니

◎「니·ㅅ가」는前記한「즉」과도共通되는境遇가有하니「어제밤에댁
에가닛가(간즉)주무십듸다」等이其例니라

「지」마는(지만)… 보지마는 먹지마는 차지마는 적지마는

나(거니와)…

엽지마。
는。
적소마。
는。
적엇지마。
는。
겟지
마는。

계시지마는。
업다마는。
잇섯지마는。

보오마는。
잇네마는。
보앗지마。

먹읍니다마。
잇지마는。
보겟지마는。
적

나。　보나。　먹으나。　차나。　적으나。　잇스나。　보앗스
나。　적엇스나。　보겟스나。　적겟스나。　업겟스

◎「마는」과「나」와는近似하나「나」는一文中에反對의語를入하야譬用하는者이니即「되나안되나하야보겟소」・「자나깨나집성각
이요「더우나치우나쉬지안소」等이其例니라

◎文語에「나・마는」의代에「되」를用하는事가有하니라

◎「거니와」는文語에用하나니라

ㄹ지라도(드라도)…볼지라도。먹을지라도。적을지라도。

잇슬지라도。먹드라도。적드라도。

보앗슬지라도。먹엇드라도。잇드라도。

◎此는假定의意에用하나니라

此와同意義에「지언정」・「망정」의語가有하니「죽을지언정」・「적을망정」・「먹을망정」等이其例니라

든지(던지)…　　누가가든지。관게업소

잇든지。지엽든지。　적든지크든지。

먹든지마든지。

들…　　본들。알수잇소　큰들무엇하오　돈이잇슨들쓸데잇소

◎此를用하면反語로終結되나니라。其上에는連體形이來하나니라

도록…　　오도록。기다리시오

◎此는「××기써지」와同意義니라　비가굿치도록。잇섯소

도록…　　맛나도록하야주시오　조토록。하시오

파리가 업도록。하시오　그사람이오도。말하얏소

◎「도록」의 代에 副詞의 形을 作하는「게」를 用하야도 無妨하니라

쑨…
볼쑨。이요　먹을쑨。아니라　적을쑨。더러
잇슬쑨。이요　보앗슬쑨。이요

면서…
보면서　먹으면서　업스면서　계시면서

◎「면서」의 代에「며」를 用하는 事도 有하니라

대로…
아는대로말하시오　본대。로말하야라　잇는대。로내엿소
적은대。로쓰시오　입은대로잣소　잇슬대。로잇섯소
먹을대。로먹어라

밧게…
볼밧게업소　먹엇슬밧게잇소
업슬밧게잇소　잇섯슬밧게업섯소

◎此語를用하면否定又는反語로終結되나니라。「밧게」의上에
「수」를入하는事도有하니라

수록 …　보면볼수록○ 즈미잇소　먹을수록○　할수록○　적을수록○

업슬수록○

는지 …　볼는지○　먹는지○　잇는지○　적은지○　보는지○

잇섯는지○　적엇는지○　보앗는지○　먹엇는지○

ㄹ지 …　볼지○　먹을지○　잇슬지○

잇섯슬지○

찰지(찬지)

적을지(적은지)

보앗슬지○　먹엇슬지○

(계신지)　찻슬지○　적엇슬지○　계셧슬지○　계실지○

◎　右「지」는 疑問의 助詞로 用言의 連體形에 附하는 것이나, 便宜上 「는지」、「ㄹ지」를 並列하야 比較한 것이니라。形容詞에는 「ㄹ」과 「는」이 附치 아니하는 事가 有하니 括弧內의 例를 參照하라。또 「지」의 代에 「가」를 用하는 事도 有하니라。

때문 …　공부하는 째문에 갈수 업소。　날이 더운 째。 문이 겟지요

돈이업는때。문이겟지요　선싱님이게신때。문이요

◎「때문」의 上에는 語根에 名詞形「기」를 附하야「하기때문」・「더웁기

때문」等으로도 用하나니라

고말고…보고。말고。　먹고。말고。　적고。말고。　잇고。말고。

보앗고。말고。　먹엇고。말고。　적엇고。말고。　계셧고。말고。

레…
아는레。한다　먹는레。하오　적은레。한다
잇는레하지마시오

터…
불터。이요　먹을터。이요　적을터。인대　잇슬터。이면
보앗슬터。인대　업섯슬터。이요　적엇슬터。이요

◎「터」는 名詞와 如하나 單獨으로 用치못하는 故로 便宜上 助詞의

部에 入하나라

註　朝鮮文中의 漢字는 音讀하는 故로用言의 下에는 漢字下에「하」가 附하나니 其下

에 右助詞를 適宜히 用하면 可하니，卽「하고・하며・하야・하야서하다가하나니・한즉・하기

로·하면·하거든·하오면·하옵거든·할지라도·하드라도·할는지·하는지·하얏는지」等이

其例니라

또用言下에體言이附하는助詞를用함에는其用言을名詞形으
로作한後에適宜히附用하나니口語에는大槪名詞形「기」를用하
고文語에는흔히「ㅁ」을用하나니라。左에數例를擧하노라

보기가。
먹기가。　먹기는。　차기도。　적기를。　잇기에。　계시기를。
보기까지。　먹기와。　보기보다。　먹기만。　먹기밧게。
보기싸지에는。　함이。　함은。　함을。　함에도。　함에
는함과。　함의。　함으로。　함이라도。　함보다。　함으로부
터함이니。　함이니。　함이가。　함인지。　함이라더라。

三、體言·用言以外에附하는것

1　助詞에

에도　에게도　에는　에라도　에서는　로라도

에게서도　에서일지라도　에게서라도

2
副詞에
급히도　속히는　늦게라도　열심으로는　급하게는

3
助用詞에
봅니다마는　적소만　잇습니다만

第十四章　副詞의 種類

一、本來副詞

잘∥가오　덜∥먹엇소　늘∥맛나오　다∥배웟소　더∥잇소
바로∥안저라　퍽∥만소　우수수∥떨어지오

中傍線을施한語와如히,本來로부터一個의用言을限定하야 其
意를明白히하는性質로된것을本來副詞라稱하나니라
右記한以外에左에示한것이흔히使用되는語니라

어서　참　매우　오히려　뚝　도로혀　일즉　펄펄

반작반작　어름어름　흔들흔들　우루루　쟝츠　졈졈

二, 轉成副詞

（一）形容詞로부터 轉成된 것

此는 即形容詞의 連動形이니, 또 二種으로 細別하나니라

가.

形容詞의 語根에「게」를 附한 者(形容詞는 總히 此形에 依하
야 副詞가 되나니라)

차게하시오　더웁게ᄯᅦᆺ소　튼튼하게만드시오

속하게왓소

나.

「히」를 附한 者(形容詞는「가」의 例와 如히 總히「게」를 附하야 副
詞를 作하나 形容詞의 語根의 末字가「하」로 된 것은 純朝鮮語
나 漢字임을 勿論하고 語根의「하」를 去하고「히」를 附하야 副詞
를 作하는 事도 有하니라

튼튼히(튼튼하게)매시오　　속히(속하게)오너라

【注意】　勤詞·存在詞에도語根에「게」를附하야副詞와如히連動形으로用하는事가有

급히(급하게)왓소

하느라
가게하시오　먹게두시오　맛이잇게먹으오

(二)名詞로부터轉成된것

가。「로·으로」를附하는것
오날로다하시오　열심으로공부하시오

나。「이」를附하는것(「히」를附하는事도有함)
나날이달으오　다달이꼿치피오

다。「에」를附하는것
의외에맛낫소　순식간에다먹엇소

(三)漢字及其他의語로부터轉成된것
別로업소　決斷코안가겟소　그즁(中)(에)좃소

期於코　瞥眼間(에)　果然　畢竟　假令

未嘗不　不可不　各各

◎ 副詞는用言에附하야其意를限定하는外에又副詞를限定하는事도有하니라

몹시.쌜니가오　대。단。히。크。게썻소

第十五章　接續詞의 種類 及 用法

接續詞는第一編第三章에述함과如히, 語·句又는文을接續함에用하는것인대本來接續詞以外에他의品詞로부터轉成되는것이多하니其用法上으로左의四項에分하나라

一、並列·累加에用하는것

　　과즈를먹고　　쏘(又)차를마신다

　　부하고　　쏘(且)귀하다

　　인력거와　　밋(及)즈동챠의편이잇다

즘생도주인의은혜를알거든 하물며(況)사람이랴

밥도못먹는대 더구나쩍을먹을수가잇소

스켓트운동을하면몸이튼튼하야지오 그러할쑨아니라(그쑨

아니라·그러할쑨더러)겨을에치위를아지못하게되오

나는어적게인쳔싸지갓다왓소 그리하야서(그래서)스무소에

못왓소

나는한강에가서쌔트련습을하겟소 그리하고헤염공부도할

터이요

二, 選擇의意에用하는것

죠션말을공부하랴면학교에단기는것이죳소 그리하거나죠

션어강의록을공부하는것이죳소

쌀은십삼도에아니나는곳이업소 그즁(취즁)삼남디방에서데

일만히나오

至急한 境遇에는 電話 又는 電信으로 報告함이 可함

三, 反對의 意에 用하는 것

온돌은방안이다더워서좃소　그러하나(그러치마는)공긔가간

조하야인후에해가되오

학교를졸업한지가십년이나되엿다　그러할지라도학교를아

조이저바리면못쓴다

즈긔가잘되지못하는것은　즈긔에게무슨결뎜이던지잇는싸

닭이다　그러하거늘　셰샹을원망하는사람이만타

四, 原因又는 理由의 意에 用하는 것

이셰샹에는금전보다도지식이데일이다　그러하닛가(그런고

로•그러함으로•그러하기에)졂어서학문에힘써야한다

오다가길에서친구를맛낫다　그때문에좀느젓다

앗가그사람을맛낫소　그리한즉　잇다가오겟다고합듸다

신구룡산은 년년히 슈지를 당한다　그러한즉(그런즉)데 방을 곤

본덕으로키 슈할 필요가 잇다

오날은 업습닛가　그러하면(그런면)언제 오릿가

第十六章　感動詞의 種類及用法

感動詞에는「아,조타」와 如히 文의 首에 附하는 것과「비가 오는구나」와

如히 文의 末尾에 附하는 것 等이 有하니라

一, 文의 首에 附하는 것

아‖언제 오섯소　　　아　그럿습닛가

자‖갑시다　　　　　아이‖고 어서오시오

아이‖런 이저버렷다　아이‖고 조타

이런‖돈이업네　　　앗풀서 잘못썻다

아차‖쏘이젓다　　　어‖더웁다

네(네) 그럿소　　　아니요 그러치안소

저런 너머젓다

글세(요) 잇슬는지요

무얼 지지는안켓지요

앗다 주어버려라

응 그러치

二, 文의 末尾에 附하는 것

참좃소구려

벌서왓구나

또비가오는구나

이애 어서일어나거라

아야야

엇전지(내엇지한지)

웬걸 오지도아니하오

올치 그러탄말이야

대단히크(오)구려

하나도업구나

한사람도업네그려

第三編 文

第一章 文의 成分

文을組成하는것은總히語이나此를其職分上으로區分하야左에

略說하겠노라

一、主語說明語 主語라함은 說話의 主題가 되는 語를 云함이요 說

明語라함은 事物을 說明하는 語를 云함이니라。 說明語는 述語

라稱하는 事도 有하니라

一個의 文을 形成함에는 如何히 短한 者라도 此 主語와 說明語는

不可無한것이니라

例를 擧하면

해가 뜬다

물이 깁다

의 二文에서 해가 물이는 主語요 뜬다・깁다는 說明語임과 如하니

라 主語는 名詞・代名詞 等이 多하고, 說明語는 大槪 動詞形容詞 存

在詞로부터 成함이 多하니라。 但 名詞・代名詞에는 助詞를 添하

고, 動詞 等에는 助用詞・助詞를 加함은 勿論이니라。 左에 二三의

例를 示하노라

으히가 웃고 잇다
名主助 動說助 存

내가 물어 보앗소
代名助 動助用 動助用

방이 더웁지 안소
名助 形助用 助用

名詞·代名詞·數詞에 體言에 附하는 終止助用詞를 附하면 說明語가 되나니라

공ㅈ는 셩인이요

저것이 삼각산이오닛가

二, 客語 客語라함은 他動詞가 說明語가 되는 文에서 其目的을 示하는 語를 云함이니라. 例를 擧하면

학성이 공을 친다.

충틔는 저사람이요

이것은 무엇이냐

내가 너를 사랑한다。

의文에서 공을·너를과 如한것이니, 他動詞가 說明語가 되는 文에

서는 반듯이 客語를 要하나니라

客語는 名詞又는 代名詞等이며, 此에 助詞「을·를」이 附하는것은 前

例와 如하니라

三, 補語　　補語라함은 主語·客語及 說明語의外에 不可不補치아니

하면文意를 完全히하기 不能한時에 必要한 語이니, 此를 補語라

稱하나니라。例를 擧하면

나는　　그사람으로 알엇다

리태산씨가　회장이 되엿다

의文에서 회장이·그사람으로와 如한者는 客語도 아니요 또 說明

語도 아니며, 無하면 文意를 完成기 不能한 語임으로 特히 補語라

名 한것이니라　補語는 名詞·代名詞·數詞로 成하고 其下에는 各

種의 助詞가 伴하나니, 左에 數例를 示하노라

광음은 살과 갓소

달이 공즁을 건너간다

션싱이싱도에게 풀을 썹힌다

내가 의쥬를 갓다왓소

나는 친구를 영등포짜지 젼송하얏소

편지가 동경서 왓소

前述한 說明語에 例示한 名詞·代名詞 下에 終止助用詞가 附하야

說明語가 되는 境遇의 名詞·代名詞는 即補語니라

四, 修飾語

修飾語 修飾語라함은 主語·客語·補語·說明語以外에 文의 意味

를 詳細히하는 用을 作하는 語를 云함이니라。例를 擧하면

흰쏫치。피엿다

어머니가 우는。ᄋᆞ히에게。젓을 준다

역부가 덩거쟝문을 닷는다

힘이 몹시세다.

우리션슈가 강한덕군을이긔엿다

덕병이 구름과갓치 모여든다

의휘은 主語 옷치에, 우는은 補語 으히에 에게에 덩거쟝은 客語 문에

몹시는 述語 세다에, 우리는 主語 션슈에, 강한은 客語 덕군을에 구

름과갓치는 說明語 모여든다에 添하야 文의意를 分明히하는 것

이니, 此와 如한 것이 修飾語니라

主語‧客語‧補語의 修飾語는 形容詞‧動詞‧存在詞의 連體形‧名詞 等

에 附한 助用詞의 連體形 或은 助詞「의」가 附한 名詞‧代名詞‧數詞 等

이요, 說明語의 修飾語는 主로 副詞이니, 前者를 連體修飾語라 稱

하며, 後者를 副詞的修飾語라 稱하는 事도 有하니라

文의成分은 前述함과 如히 主語‧客語‧補語‧說明語 及 各種의 修飾

語이며·主語·客語·補語·說明語에 各種 修飾語를 加하야 **主部·客部**

補部·說明部라 稱하고、또 主部에 對하야 他의 三部를 總稱하야 叙

述部라 稱하나니 此를 表示하면 左와 如하니라

主部 { 主의修 主

客部 { 客의修 客

補部 { 補의修 補

說明部 { 說의修 說

第二章 文의 成分의 位置及其省署

叙述部

一、通常의 位置　文의 成分의 排列에는 大略一定한 順序가 有하니

文을 構成함에는 其 成分의 位置를 轉換하며 省略하는 方法이 有하

니、左에 其概略을 示하노라

라

산이｜主 놉다｜說

리원일씨가｜主 교장이｜補 되엿다｜說

주인이[主]　손을[客]　불은다[說]

션싱이[主]　싱도에게[補]　글시를[客]　씬다[說]〔쓰인다〕

션싱이[主]　글시를[客]　싱도에게[補]　쌘다[說]

우리나라[主의修]　군스가[主]　크게[說의修]　덕국의[客의修]　졍병을[客]　쌔트럿다[說]

우리나라[主의修]　군스가[主]　덕국의[客의修]　졍병을[客]　크게[說의修]　쌔트럿다[說]

리률곡은[主]　이젼부터　히동의[補의修]　공즈라[補]　일캇는다[說]

前例에依하야成分排列의通則을列擧하면左와如하니라

1　主語는首位에在하니라

2　說明語는末位에在하니라

3　客語는主語와說明語의中間에在하니라

4　補語는客語가無한文에서는主語와說明語의中間에在하고
客語가잇는文에서는客語의上이나下에在하니라

5　修飾語는 修飾되는 語의 上에 添하나니라。但 補語及客語가 有

한 文에서는 說明語의 修飾語는 흔히 主語의 直下에 附하나니

라

二、成分의 倒置　文의 成分의 排列法은 大略前과 如하나、或은 語調

를 調整하며 又는 語勢를 强케하기 爲하야 通常의 位置를 變하는

事가 有하니라

어서(修) 오너라 복동아(主)

장하도다(說) 군의(修) 말이여(主)

이것을(客) 무엇이라(補) 할가(說)

무엇을(客) 당신은(主) 하십닛가(說)

건강한(修) 신톄에(補) 건강한(修) 정신이(主) 들어잇다(說)

불너라(說) 그사람을(客)

누가 알니요 가마귀의 즈응을

右例에 依하야 主語와 說明語의 倒置와, 客語가 首位에 在한 것과

補語가 首位에 在한 것과, 客語와 說明語의 倒置 等을 知할지니라

三, 成分의 省略　文의 成分은 必要에 應하야 省略되는 事가 有하니

此는 文의 前後의 關係 又는 從來의 慣用에 依하야 文意가 分明한

境遇에 限함은 勿論이니라

(나는) 어적게 인천에 갓다왔소

(동양사람이) 목단을 화즁왕이라고하오

(나는 조곰도) 그일을 몰낫소

교쟝이 졸업증셔를 (졸업싱에게) 준다

부대 안녕히 (가십시오)

命令의 意를 表하는 文에는 主語를 省略하는 事가 多하니라

（너）이리오너라

（누구든지）여긔오좀누지마시오

詩歌等과如히知識을爲主하지아니하고情趣를爲主하는文에
는다만其語를提示할섇이요,其語에對하야充分히叙述치아니
하는事도有하니라

四, 文의組織外의部分　一個의文中에上述한四個成分의何者에
도屬치아니하는語가有하니,感動詞及文을連續케하는接續詞
와呼語·應答等의語가그것이니라

아　오래간만이요구려

이런　이저버렷다

공즈도사람이요　쏘　나도사람이다

그사람이업섯다　그래서　그대로돌아왓다

이애　이리오너라

응　그러냐

第三章　文의 成分의 重複

一個의 文中에 同一한 成分이 二個以上 重複되는 事가 有하니 左에 其例를 示하노라

一、主語의 重複

소나무와대‖는 스시에 푸르다.

복동이와 수님이는 다 보통학교성도다

二、客語의 重複

나는 도화와 리과를‖ 조하한다

저사람은 죠션일보와 동아일보를‖ 본다

三、補語의 重複

경성에서데일번화한시가는 종로와 본뎡통이다‖

四、說明語의 重複

쌀이 밥과 떡과‖ 술이 된다

나는 죠션말을읽고　쏘쓴다

어린ㅇ히가 울다가　웃는다

五, 修飾語의重複

깁고 넓은바다위에　씻소

저사람은 혼자 급히 간다

너와 나와 날마다 이러케　가치가자

일을다 잘하는사람이요

자네의 공부는 넘어 도에지낫네

그사람도 잇다금 스스로　깁히 반성한다

리군의 굿센 의지는 듯는 사람마다 감복한다

몹시 매운 고초다

左의例에就하야各成分의重複된것을參考하라

第四章　句

달이밝다　바람이맑다

노래를불은다

구름은룡을좃는다　바람은범을좃는다

等은成分을備한完全한文이나

달은밝고　바람은맑다

노래를불으는소리가들니오

구름은룡을좃고　바람은범을좃는다

와如히文을作하면前者가다文의一部分이되여其獨立을失하고

一個의句〔句는節이라고도云함〕가되나니라

句는其性質上左의五種으로分하나니라

一, 名詞句　名詞句라함은一句가名詞와如한用을作함을云함이니라

나무가지에　눈이싸인것은　꼿핀것과갓다

셰월이쌀니가는것을 한탄한다

二、連體句　連體句라함은 形容詞와 如한 用을 作함을 云함이니라

노래를불으는 소리○가 듯기조타

쯔긔가한일은 쯔긔가칙임을져야한다

三、副詞句　副詞句라함은 副詞와 如한 用을 作함을 云함이니라

봄이되면 꼿치핀다

용모는보기실흐나 심지는발으다

四、說明語句　說明語句라함은 說明語와 如한 用을 作함이

니라

근듸의청년은 공부할마음이다잇다

동히안은 물이맑다

右와如한 境遇에는 說明語中主語인마음이·물이를 小主語○라稱

하고、쳥년은동히안은을總主語라稱하는事도有하나니라

五、對立句　對立句라함은文章의各句가서로相對하야主從의關係가無하고幾個가相集하야一個의文을構成함을云함이니라

소나무는푸르고　모래는희다

산은나무가잇서야귀하고　사람은지식이잇서야귀하다

해는지고　바람은불고　길은멀다

右對立句에對하야前의四句는다文을構成하는一成分이되여其文에從屬되는故로總稱하야從。句라稱하는事도有하나니라

句를有한文을成分으로解剖함에는、먼저其句를成分으로解剖한後에此를一成分으로看做하고全文을解剖할지니라

叙述部
主部 ― 主語　두성도는
　　　　　　　 主部 ― 主語　모양이
說明部 ―　　　　　　 說明語의修飾語　단정하게 （副詞句）
　　　　 說明部 ― 說明語　안젓다

단풍은　붉고　잇기는　푸르다

主部 ┤主語
　　　└說明語└說明部

（對立句）

主部 ┤主語
　　　└說明語└說明部

（對立句）

文은 其構造上으로부터 此를 單文·複文·重文의 三種으로 分하나니라

第五章　文의 構造上의 分類

一, 單文　單文이라함은 句를 不含한 文을 云함이니

꼿치 핀다

션싱님이 죠션말을 가르치신다

어머니가 으히들에게 여러가지썩을 주신다

와 如한 것이니라。또 左의 例와 如히 主語·客語·補語·修飾語가 重疊

된 境遇라도 句를 含치아니하면 單文이니라

형과 ┤主
아우가 ┤主 다 보통학교에 단긴다

나는 칙하고 붓을 삿다

그사람의 학력은 형과 누의와 삼촌보다 낫다

그사람은 고상하고 청빅하고 졍직한 마음을 가졋다

저사람은 효즈요 또충신이다

그사람과 나는 서로공경하고 서로사랑한다

二、複文　複文이라함은 名詞句・連體句 又는 副詞句를 含한 文을 云함이니라

꼿치날너떨어지는것은 눈이오는것과갓다

돈이잇는사람은 샤치를아니한다

맑은바람은 잇지만 밝은달이업다

三、重文　重文이라함은 二個以上의 對立句로 成한것을 云함이니라

對立句

對立句　　　對立句

산은 놉고　　물은 깁다

對　句

欲심이만흔사람은마음이항상간난하고　욕심이업는사람

對

은마음이항상녁녁하다

重文이獨立을失하고從屬句로他文에包含된時에는其文은複

文이니라

비가개고바람은잣스나　물결은아즉고요하지안타

운동을과도히하면　해가잇고리익은업다

朝鮮語에는「甲은東으로,乙은西으로갓다」「형에게는능금을아우

에게는배를주엇다」와如히複文을作함보다「甲은東으로가。乙

은西으로갓다」「兄에게는능금을주。아우에게는배를주엇다」와

如히重文을作함이常例니라

文은單文複文·重文의三種以外에는無하나,左例와如히頗히複雜

한것이 有하나라

달도차면 _{副詞句} 기울고 사람도샤치하면 _{副詞句} 망한다

右는二個의複文으로부터된重文이나, 左와如한重文을含한複文과單文으로된複文도有하나라

봄이되여도 _{副詞句} 쏫도아니피고 가을이되여도 _{副詞句} 달도빗취지아니한다

重文┬對立句
　　└對立句

複文(連體句)
複文(副詞句)

單文┬說明句
　　└語句

상던이벽희가되고
벽희가상던이되는
세상이라도 그대에게두마음을
(나는)무지아니한다

【注意】 「文」에關한練習題는省略하니例題及讀本等에就하야反覆玩味할지니라

第六章 文體의種類

口語體와文語體의區別은各個의單語에는區別이極少하나文體에因하야各々區別이有하니, 其種類의一斑을左에略說하노라

一、純口語體

학교에간다

학교에 가서 공부하고　집에 돌아와서노오

口語體의 末尾에 文語의 助用詞를 附用하는 文體도 有하니라

학교에 가나니라

교육은 모름즉이　실디를 힘쓸것이요　리론에만　치우치

지말지니라

二、普通文語體(諺漢文交用)

普通文語體는(漢字에 助詞·助用詞 等을 混한 文體인대 今日普通

으로 通用되나니라

昨日에 行할 事를 今日에 行하며　今日에 行할 事를 明日에 行

하면　事務가 積滯하야 恒常 忽忙하나니라

壯快한 軍樂은 式場의 一方에서 起하고　優勝旗는 京城 第三高

普軍에게 授與되여, 氷上大會는 玆에 終焉을 告하니, 數萬觀衆

은 各々歸途에 就하더라 數分後에는 漢江江畔은 寂々하야 人

影도 無하야 風雨가 一過한 後와 如하더라

右와 如한「普通文語體」의 文을 作할 時에 漢字와 漢熟語의 中間에

助詞·助用詞로 交用되는 諺文은 百字內外면 足하니, 左에 普通 使

用되는 字를 參考로 記載하노라

인일잇자조주지줄즉처치코케키타터하히한함할

가거고그기꽈께싸갓것겠나니는닛다더도되또든라랴

러려로리록를마며모만면못바보부뿐사셔소수스시셧슬신

실심아야어여오요으이와안얏업에엇엿온을옴외은을의

三、漢文訓讀體(諺解·색임)

子貢이 君子를 물은대 子ᅵ갈아사대 먼저 그 말을 行하고 뒤에

조츨지니라。[子貢問君子 子曰先行其言, 而後從之]

瓜田에서(외밧헤서)履를納치아니하며(신을들메하지말며)李

下에서(오얏나무아래에서)冠을整치아니할지니라(갓을바로

잡지말지니라)「瓜田不納履、李下不整冠」

右를漢文懸吐體로改하면左와如하니라

子貢이問君子한대子ㅣ曰先行其言이요而後從之니라

瓜田에不納履하고李下에不整冠이니라

四、書簡文體

書簡文體는從來純漢文體와純諺文體의二者가普通으로通用

되엿스나今日에는「普通文語體」가書簡文으로公私에共用되나

니(純口語體도或通用됨)左에一例를示하노라

敬啓者來陰九月初五日은老慈의回甲日에相當하옵기鄙第

에서小筵을開하고祝意를表코자하와玆에尊駕를仰邀하오

니同日午後五時에

光臨하야주심을至望하옵나이다

右各文體의外에記事文等에서口語體와文語體等을交用하는所

謂言文一致體와如한것도現時新聞及雜誌等에흔히使用되나니

라ᄯ普通文語體의一種인條文에서는文의末尾에一種特殊한形

을示하나니「…함」…함이可함」等이니라

右에文體를四種에分하야說明하얏스나此는最近三四十年來로

諺文이盛히公私間에使用케된後의事니其以前은諺文은四百數

十年間社會의裡面에隱遁하야漢文을未解하는者와婦女子의手

에依하야僅히一縷의命을存續하얏슬뿐이요, 所謂知識階級에서

는專혀漢文이跋扈하얏섯나니라. 그러나這間에도所謂吏讀(리두)가公

用文等에서漢文補助의用을作하얏나니, 左에吏讀에對하야其槪

略을述코자하노라

數千年間支那에서輸入한漢文을用하얏스나漢文만으로는不便

을感하는 事가不少한故로距今一千二百餘年前新羅統一時代에

薛聰이라는 學者가비로소漢字를借하야其音又는訓을取하야一

種의記音文字로歌曲과地名·官職名等의固有名詞及漢文의吐(助

詞又는助用詞)等에使用하는便法을考案하야以來使用한것이니

此가即吏讀吏道·吏頭·吏套·吏吐)의起源이니라

吏讀는右에述함과如히朝鮮文字의元祖이나朝鮮音은甚히複雜

한故로其漢字借用의方法이區々不一하야片假名·平假名에比하

야자못發達되지못하얏나니此가今日自矜할만한訓民正音(諺文)

의出生을促한最大原因이아닌가하노라

左에助詞와助用詞에使用하는吏讀의數例를示하노라

이⋯⋯⋯伊(是)⋯⋯⋯イ(八)　　　　가⋯⋯⋯可⋯⋯⋯丁

은⋯⋯⋯隱⋯⋯⋯阝(卩)　　　　을⋯⋯⋯乙⋯⋯⋯乙

이온⋯⋯⋯是乎⋯⋯⋯乀夛　　　　이어늘⋯⋯⋯是於飛⋯⋯⋯乀疒飞

하고 …… 爲(為)古 …… ソロ

하 …… 爲也 …… ソイ

하야 …… 爲也 …… ソイ

하니 …… 爲尼 …… ソヒ

하다라 ……… 爲加羅(哭) …… ソカ ス

하거든(던) … 爲去加隱 …… ソムカㅁ

諺文이出生된後에四書等을諺文으로譯解한音讀과訓讀에便케

한諺解가編述되엿스나、書堂에서漢文書籍을習讀할時에는亦是

右吏讀의略體를「吐」로用한事가多한故로今日에도오히려舊日의

書籍을繙讀하면往々發見하나니라

中等
敎科

朝鮮語文典　完

昭和四年一月二十日印刷
昭和四年一月廿三日發行

中等教科朝鮮語文典
（定價金一圓）
（書留・送料二十錢）

不許
復製

著作者　京城孝子洞六二　李完應

發行人　京城太平通二ノ五八　伊藤卯三郎

印刷人　京城長谷川町七六　澤田佐市

印刷所　京城長谷川町七六　合名會社近澤印刷部

發行所

京城大漢門前
朝鮮語研究會
振替口座京城一三二三四七番
電話本局一五七〇番

중등교과조선어문전
(中等教科朝鮮語文典)

인쇄일: 2025년 3월 15일
발행일: 2025년 3월 20일
지은이: 이완응
발행인: 윤영수
발행처: 한국학자료원
서울시 구로구 개봉본동 170-30
전화: 02-3159-8050 **팩스:** 02-3159-8051
문의: 010-4799-9729
등록번호: 제312-1999-074호

정가 250,000원